ДИАЛОГ

Schülerbuch für
den Russischunterricht

5

Kompetenzstufe B 1+
des Gemeinsamen europäischen
Referenzrahmens

Herausgeberin/Herausgeber
Dr. Gudrun Seemann
Heiko Seefeldt

Autorinnen
Anna Abert
Maike Heinz
Christa Kurtuschin
Jana Müller
Jana Pessozki
Andrea Steinbach

Beratung
Astrid Grundmann

Cornelsen
VOLK UND WISSEN

Herausgeberin/Herausgeber
Dr. Gudrun Seemann *Luckenwalde*
Heiko Seefeldt *Angermünde*

Autorinnen
Anna Abert *Bingen*
Maike Heinz *Nürnberg*
Christa Kurtuschin *Jüterbog*
Jana Müller *Paderborn*
Jana Pessozki *Berlin*
Andrea Steinbach *Obertraubling*

Beratung
Astrid Grundmann *Bretnig-Hauswalde*

Muttersprachliche Durchsicht
Olga Gudkowa *Tula*

Redaktion Regina Riemann
Lena Richert
Kristina Müller

Illustrationen Cleo-Petra Kurze, Sybille Storch, Hans Winkler
Umschlaggestaltung groenland.berlin
Layoutkonzept Wladimir Perlin
Layout und technische Umsetzung Marina Goldberg
Bildrecherche Lena Richert

Zum Lehrwerk *Dialog 5* gehören außerdem folgende Titel:

Grammatiktrainer mit Hör-CD	ISBN 978-3-06-120143-2
Handreichungen für den Unterricht	ISBN 978-3-06-120146-3

www.cornelsen.de

1. Auflage, 1. Druck 2011

Alle Drucke dieser Auflage sind inhaltlich unverändert
und können im Unterricht nebeneinander verwendet werden.

Druck: CS-Druck CornelsenStürtz, Berlin

ISBN 978-3-06-120142-5

Inhalt gedruckt auf säurefreiem Papier aus nachhaltiger Forstwirtschaft.

Содержание

Verwendete Abkürzungen

Deutsch:			
Akk.	Akkusativ	Instr.	Instrumental
Dat.	Dativ	Pl.	Plural
Gen.	Genitiv	Präp.	Präpositiv
Russisch:			
и т.д.	и так далее	ср.	сравните
и т.п.	и тому подобное	ст.	строчка
напр.	например	стр.	страница
разг.	разговорная речь	сущ.	имя существительное
см.	смотрите	упр.	упражнение

Verwendete Symbole			
M	Muster	👥	Partnerarbeit
♻	Wiederholung und Systematisierung grammatischer Stoffe	👥👥	Gruppenarbeit
		P	Projektarbeit
		🗃	Dossier
↗L3	Verweis auf Lerntipps im Methodenteil (Anhang) des Schülerbuches	🎧	Übung ist auf der Audio-CD
		👁	Hör-/Sehverstehen

Bildnachweis

Cover: *Hintergrund* picture-alliance/ZB/Tom Schulze/Transit; *vorne* Mauritius/Siegfried Kerscher | 10 *1+2* ITAR-TASS, *3* ITAR-TASS/Alexander Saverkin | 11 *1* ITAR-TASS, *2* Your_Photo_Today/Axel Leschinski, *3* ITAR-TASS/ Valery Sharifulin | 12 BilderBox.com | 18 (c) PhotoAlto/Ale Ventura | 20 *1* Ute Grabowsky/photothek.net, *2* flickr.com, *3* Image Source/vario images, *4* Bildmaschine.de/www.BilderBox.com, *5* flickr.com | 23 *1* Silvia Kriens, *2* (c)stockmaritime.com/Nils Thies, *3* Your_Photo_Today, *4* Robert Niedring/Westend61, *5* Hubertus Blume | 26 *1* Stiljagi (Стиляги), © Kinokompanija Krasnaja Strela, 2008, *2* ITAR-TASS/ Smirnov Vasily, *3* Ria Novosti/Altman, Natan Isaevich, Portrait of Anna Akhmatova © VG Bild-Kunst, Bonn 2011, *4* flickr.com/Albert Plomp | 27 *1* Ria Novosti/Alexander Polyakov, *2* Ria Novosti/Pavel Balabanov | 28 *1* wikipedia.com, *2* stillsonline.de | 29 *1* imagebroker/vario images, *2* Achim Pohl/Das Fotoarchiv, *3* flickr.com, *4* (FREELENS Pool) Borrs | 35 Ria Novosti | 36 *1* ITAR-TASS/Sergey Konkov, *2* Ria Novoste/Mikhail Mordasov, *3* ITAR-TASS/emtytass, *4* ITAR-TASS/Mikhail Klimentyev, *5* ITAR-TASS/Vladimir Smirnov | 37 *1* ITAR-TASS/Ruslan Shamukov, *2* Ria Novosti/Taras Litvinenko, *3* Ria Novosti/Iliya Pitalev, *4* ITAR-TASS | 38 *1* Ria Novosti/Khrunov, *2* Ria Novosti/Aleksey Nikolskyi | 39 ITAR-TASS | 40 *1* © Michael Leonhard/Bildbroker, *2* © Klaphake/teamwork, *3* ITAR-TASS/ Vadim Zhernov, *4* ALIMDI.NET/Simon Belcher, *5 +6* ITAR-TASS, *7* Calzone/Voller Ernst | 42 *1* vario images, *2* dieKLEINERT/Nils Fliegner, *3* dieKLEINERT.de/Arnold Metzinger, *4* vario images | 43 *1* flickr.com/ameise77, *2* Sören Ehlers, *3 + 4* Volodymyr Pesotskyy, *5* Bildagentur-online/StockConnect, *6* Siegfried Kuttig | 46 istock.com | 47 flickr.com | 49, 50 ITAR-TASS | 54 istock.com | 55 *1- 5* Babotchka (Бабочка) © Sojuzmultfilm, 1972 | 56 © AISA | 59 *1* Bildagentur-online/TIPS-Images, *2* Your_Photo_Today, *3* Schapowalow/Huber | 61 Ria Novosti/Alexander Polyakov | 63 *1* ITAR-TASS/fotomedia, *2* ITAR-TASS, *3* flickr.com | 66 *1* Lena Richert, Berlin, *2* beyond/BreBa, *3* plainpicture/Anys, C., *4* istock.com, *5* Zoonar.com/J. Ehrlich, *6* ITAR-TASS/fotoimedia, *7* Ria Novosti/Anton Denisov | 69 *1* Carol Barrington/IPN, *2* Michael S. Nolan/SpecialistStock, *3* Bildagentur-online/Waldhaeusl *4* die bildstelle/REX FEATURES LTD., *5* Jose Giribas, *6* Photo ITAR-TASS/Sergei Smolsky | 70 *1+4* ITAR-TASS, *2* ITAR-TASS/Vasily Aleksandrov, *3* ITAR-TASS/Sergei Savostyanov, *5* Ria Novosti/Alexey Kudenko | 74 *1* Ria Novosti/Igor Samoilov, *2* Harry Walter, Greifswald, *3* Petra Steinkuehler-Nitschke | 75 *1* Ria Novosti/A. Sverdlov, *2* Ria Novosti/Boris Kudoyarov, *3* Ria Novosti, *4* Vladimir Vdovin, *5* ITAR-TASS, *6* Konstantin Abert | 76 *1* A.Less/ITAR-TASS, *2* Zaveshanie Lenina (Завещание Ленина), © Kinokompanija MakDos, 2007 | 77 *1 + 2* Zaveshanie Lenina (Завещание Ленина), © Kinokompanija MakDos, 2007 | 79 *1* Ria Novosti/V. Filimonov, *2* Ria Novosti, *3* Ria Novosti/B. Golovko | 80 *1* ITAR-TASS /emtytass, *2* Ria Novosti/Taras Litvinenko, *3* ITAR-Tass/bulbashov, *4* ITAR-TASS / emtytass | 81 molgvardia.ru | 83 *1* ITAR-TASS, *2* ITAR-TASS/Valery Sharifulin, *3* ITAR-TASS | 84 *1 + 2* Gostja iz budushego (Гостья из будущего), © Kinostudija im. M. Gorkogo, 1984 | 87 *1* wikipedia.com, *2* Ria Novosti/V. Malyshev, *3* Mikhail Ozerskiy/Ria Novosti, *4, 5* wikipedia.com, *6* Ria Novosti/ Kandinsky, Wassily; Red Square, 1916 © VG Bild-Kunst, Bonn 2011 | 111, 112 wikipedia.com, 116 ITAR-TASS, 119, 130 Stiljagi (Стиляги), © Kinokompanija Krasnaja Strela, 2008

Молодость – время счастья?

Смысл жизни не в том, чтобы удовлетворять свои желания, а в том, чтобы иметь их.

М. Зо́щенко

1 **Посмотрите на картинки и скажите, чем занимается молодёжь.**

а) Расскажите, чем занимаетесь вы? Что вам важно?
б) Как вы думаете, есть ли у молодёжи проблемы? Расскажите о них.

2 **Прочитайте список самых любимых профессий молодёжи в России.**

1. парикмахер
2. психолог
3. дизайнер
4. экономист
5. журналист
6. банковский работник
7. артист
8. строитель
9. юрист
10. продавец

а) Что вы думаете об этом списке?
б) Кем вы хотите стать? Какие профессии самые любимые в вашем классе?

3 **Прочитайте стихотворение Ро́берта Рожде́ственского.**

Всё начина́ется с любви́:
мечта́ и страх,
вино́ и по́рох.
Траге́дия,
тоска́
и по́двиг –
всё начина́ется с любви́…

а) Вы согласны с тем, что «всё начинается с любви»?
б) Что ещё начинается с любви? Найдите другие примеры.
в) Какую роль играет любовь в вашей жизни?

4 Прочитайте анекдот.

Один мужчина познакомился с женщиной в Интернете. Договорились о встрече. Приходит на встречу женщина необъятных размеров. Мужчина говорит:

– А на фотографии вы были более миниатюрной. Значит – это обман?

– Никакой не обман, – отвечает женщина, – это у меня модем при передаче сжимает информацию.

а) О каких рисках, связанных с Интернетом, идёт речь в этом анекдоте?

б) У вас много друзей в Интернете? Расскажите о них.

5 Опишите карикатуру. На какую проблему она обращает внимание?

- меня волнует … *(что?)*
- любить *(что делать?)*
- интересоваться *(чем?)*
- ориентироваться *(в чём?)*
- стать *(кем?)*
- найти своё место в жизни
- работать *(где?)*
- играть большую (маленькую) роль *(в чём?)*
- притвориться другим человеком
- заметить общее и отличия

Кто путешествует, тот познаёт.

1 Мечта стала явью – год в Германии.

а) Тамара только что приехала в Германию, чтобы провести здесь целый учебный год. Посмотрите на фотографию. Что вы думаете, как она чувствует себя? Каковы её ожидания?

б) Прочитайте текст из журнала *STUDY IN*.

Учиться в Германии старшеклассница Тама́ра Субо́чева хотела давно. И эта мечта для Тамары стала явью – целый учебный год она провела в немецкой школе. А сегодня она делится с нами своими впечатлениями.

Ещё будучи в Москве, я знала, что попаду в вальдорфскую школу, но поскольку я ничего не слышала об этой системе, то не могла предположить, что меня ждёт. Учебные дисциплины там делятся на основные и дополнительные. Первые два часа каждого учебного дня – с 8 до 10 утра без перерыва – весь класс изучает один предмет. Например, в сентябре – физику, в октябре – химию и так далее. Оставшаяся часть дня посвящена дополнительным предметам – английскому, немецкому, искусству. На каждый из них отводится по 45 минут.
В первые дни я очень уставала из-за языковой нагрузки и непривычной обстановки, и потому часто смотрела телевизор, утешая себя тем, что это помогает мне «впитывать» немецкий язык.
Год в Дюссельдорфе пролетел незаметно. С каждым днём я испытывала к Германии всё больше симпатий. Но при этом в отношении своей страны я стала патриотичнее.
Вероятно потому, что начала ценить то, чего дома не замечала. Например, что люди в России гораздо дружелюбнее и искреннее.
Пришло понимание важности таких «мелочей», как отношения с близкими людьми и любимыми друзьями. Даже вкус привычной «бабушкиной» еды стал восприниматься по-другому.
Сейчас я учусь в 11-м классе. Год в своей школе я пропустила, но считаю, что приобрела гораздо больше, нежели потеряла. Я стала более собранной, дисциплинированной, самостоятельной – целый год самостоятельности многое значит. В конце концов, я выучила немецкий и поняла, чего конкретно хочу в жизни.

в) Выберите правильный вариант.

1) Тамара Субочева –
А студентка из Москвы.
Б учительница из Москвы.
В ученица из Москвы.

2) Она провела год…
А в общей школе.
Б в вальдорфской школе.
В в гимназии.

3) Она узнала о школе…
А ещё дома.
Б в аэропорту.
В в принимающей семье.

4) Тамара считает, что русские…
А дружелюбнее и честнее.
Б любезнее и откровеннее.
В любопытнее и скромнее.

2 Ответьте на вопросы к тексту упр. 1.

Что вы узнали о первых днях Тамары в Дюссельдорфе?
Как изменилась Тамара за время пребывания в Германии?
Какие выводы сделала Тамара после своего пребывания за границей?

3 Прочитайте предложения из текста и скажите, какая грамматическая форма употребляется в этих предложениях.

Ещё будучи в Москве, я знала, что попаду в вальдорфскую школу.
Я часто смотрела телевизор, утешая себя тем, что это помогает мне «впитывать» немецкий язык.

а) Переведите эти предложения на немецкий язык.

б) Перестройте следующие предложения, употребляя союзы *когда, и, в то время как*.

М Читая газеты, Тамара выписывала незнакомые слова.
Когда Тамара читала газеты, она выписывала незнакомые слова.

1) Сидя за столом, она писала письма домой.
2) Утром Тамара идёт в школу, беседуя со своими подругами.
3) Вечером она делает уроки, слушая музыку.
4) Лёжа на полу, она говорит по телефону с мамой и папой.
5) Прощаясь с друзьями, Тамара крепко обняла их.
6) Смотря на фотографии, Тамара вспоминает год своего пребывания в Германии.

4 Прослушайте объяснение Тамары о системе российского образования и проследите её рассказ по схеме. Потом перескажите своим друзьям, не владеющим русским языком, самые важные факты на немецком языке.

Система образования в России		
возраст	*класс*	*образование*
1 год – 5 лет		*дошкольное образование* **ясли/детский сад** (по желанию родителей)
6/7–9 лет	1–4	*начальное школьное образование* **начальная школа** (возможно уже в гимназиях или лицеях) предметы: русский язык, литературное чтение, математика, информатика, обществознание и естествознание (окружающий мир), основы духовно-нравственной культуры России, физкультура, музыка, технология, ИЗО[1], со 2-го класса иностранный язык
		среднее школьное образование **общеобразовательная школа | лицей | гимназия | специальная школа**
10–17 лет	5–11	6 дней в неделю предметы: русский язык, литература, математика, первый иностранный язык, второй иностранный язык, информатика, история, обществознание, физика, химия, биология, география, физкультура, ОБЖ[2], музыка, ИЗО
	экзамены после 9-го класса: русский язык, математика, 2–3 предмета по выбору; аттестат о неполном среднем образовании, право поступления в техникум, колледж	
	экзамены после 11-го класса: ЕГЭ[3] - русский язык, математика, 2–3 предмета по выбору; аттестат о полном среднем образовании, право поступления в ВУЗ	

1 изобразительное искусство 2 Основы безопасности жизнедеятельности 3 Единый государственный экзамен

5 Объясните русским ученикам, пребывающим в вашей школе, какова система образования вашей земли.

Расскажите,
- какие типы школ у вас есть,
- когда дети идут в начальную школу,
- когда переходят в общеобразовательную школу,
- какие предметы учат,
- как протекает учебный день,
- какие возможности существуют после окончания школы.

6 Чем Тамара занималась в Германии после школы?
Составьте к каждой картинке по одному предложению.

7 Напишите e-mail друзьям в России и расскажите подробно о своём свободном времени. ↗ L 14

8 А как можно проводить свободное время в вашем городе или в вашей деревне?
Расскажите.

9 Что думают молодые люди о возможности провести учебный год за рубежом? Прочитайте высказывания.

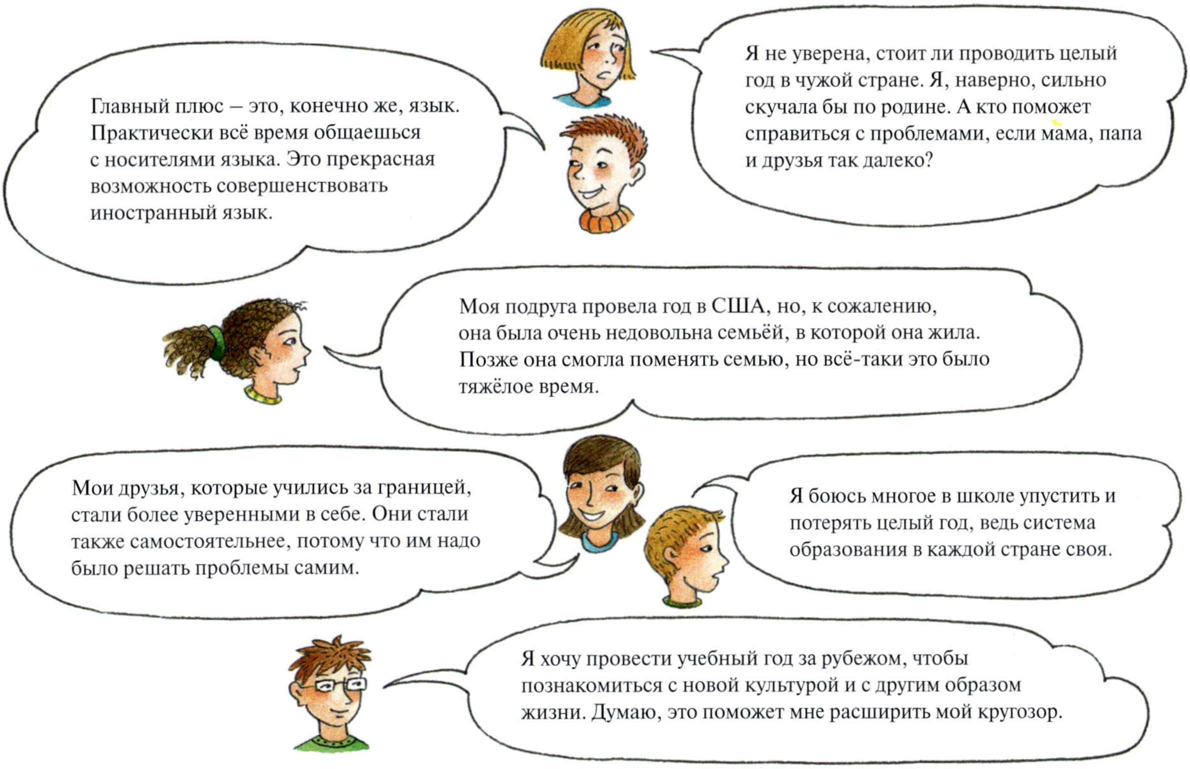

а) Выпишите преимущества и недостатки учебного года за рубежом в таблицу в тетради и добавьте контраргументы.

M

Учебный год за рубежом	
преимущества	недостатки
совершенствование языка	*знание языка можно совершенствовать и на курсах во время каникул или в течение нескольких недель/месяцев – для этого не нужен целый учебный год*
???	*проблемы с принимающей семьёй*

б) Найдите свои аргументы за и против и запишите их в таблицу в тетради.

10 Выберите одну из следующих задач. ↗ L 7, 14, 15

а) Убедите ваших родителей в том, чтобы они разрешили вам провести учебный год за границей. Разыграйте сценки.

б) Вы хотите принять участие в программе *Учебный год в России*. Напишите заявку и обоснуйте в ней, почему вы хотели бы провести учебный год за рубежом.

в) А какие ещё существуют возможности провести год в России? Найдите информацию в Интернете и представьте ваши результаты одноклассникам.

1Б Всё начинается с любви.

1 Опишите картинку. Что думает девушка? Что думает молодой человек?

2 Прочитайте рассказ *Любовь с первого взгляда.*

Это был симпатичный молодой человек. Он пришёл в кино один. Я на него посмотрела. Он тоже посмотрел на меня. «Ну, начинается, – подумала я. – Любовь с первого взгляда». Мы вышли из кинотеатра одновременно. «Вы не скажете, который час?» «Интересно, – подумала я, – почему они всегда спрашивают, который час, когда хотят познакомиться? А теперь он спросит, как меня зовут, и я отвечу, что меня зовут Лариса. А потом он спросит, куда я иду». «Вы идёте к метро?» – спросил молодой человек. – «Я тоже». «Всё правильно, – подумала я. – Сейчас он начнёт меня приглашать. Наверно, он пригласит меня в кафе-мороженое. А потом скажет, что у него дома есть хорошие диски, можно послушать музыку. А потом мы скажем своим родителям, что хотим пожениться. И в нашей молодой семье начнутся первые конфликты. Он захочет жить отдельно, а я со своими родителями. Кто будет помогать мне на кухне, если не моя мама? Кто будет гулять с нашими детьми, если не мой папа? Он скажет: «Не хочу жить со стариками». А я рассержу́сь.[1] Мои родители – не старики. И пусть он о моих родителях так не говорит». Мы подошли к метро. «Вы поедете на метро? – спросила я. – А я – на автобусе». «Я тоже на автобусе» – ответил он. «Вот так всегда, – подумала я. – Куда я – туда и он. Я в магазин – и он в магазин, я к подруге – и он со мной. Никакой свободы. А потом родятся дети и тоже будут мне мешать. А я занимаюсь в танцевальном кружке и на курсах японского языка. А потом он скажет, что устал от такой жизни и что ему больше нравится моя подруга Нина…» «Моя остановка» – сказал он и встал. – «До свидания, спасибо за компанию». Он вышел из автобуса, а я поехала дальше. «Все они такие, мужчины, – подумала я. – Когда начинаются первые трудности, они сразу уходят в сторону». Мне было грустно, что любовь с первого взгляда так быстро кончилась.

(по рассказу И. Фео́ны)

1 Ich werde mich ärgern.

3 Правильно или неправильно? Исправьте неправильные предложения.

1. Молодой человек познакомился с Ларисой в кинотеатре.
2. Он проводил её домой и пригласил её в кафе-мороженое.
3. Молодые люди решили пожениться.
4. Лариса хотела жить со своими родителями.
5. Ларисе стало легче, когда молодой человек вышел из автобуса.

4 Напишите краткое содержание (резюме) рассказа.

↗ L 2

5 Что думает Лариса? (упр.2)

а) Закончите предложения. Напишите их в тетрадь. Обратите внимание на формы конъюнктива.

Если молодой человек пригласил бы меня в кафе-мороженое, ...

Если мы поженились бы, ...

Если у нас были бы дети, ...

б) Как повели бы себя вы на месте Ларисы или на месте молодого человека?

М На месте Ларисы я бы …
На месте молодого человека я бы …

6 Вернувшись домой, Лариса решила найти себе парня по Интернету.

а) Придумайте и составьте анкету Ларисы.

фотка	Имя	Возраст Знак зодиака Обо мне Кого я хочу найти	Интересы Желания Жизненные приоритеты

б) А теперь составьте свою анкету.

7 Скажите, какие из прилагательных, описывающих черты характера, подходят к описанию Ларисы, а какие нет. Обоснуйте ваше решение на основе текста (упр.2). ↗ L 4

М Лариса – человек, склонный к семейной жизни, потому что она хочет жить со своими родителями.

склонный к семейной жизни
заносчивый
симпатичный
приветливый
общительный
независимый
уверенный в себе
заинтересованный
самостоятельный
пессимистичный

8 Представьте себе, что вы – молодой человек из рассказа (упр.2). Напишите его внутренний монолог.

– Что он подумал, когда увидел Ларису?
– Что он думает, когда они едут в автобусе?
– Как он себя чувствует в этой ситуации?

9 Разыграйте встречу Ларисы и молодого человека (упр.2). Если хотите, придумайте другое окончание этого рассказа. ↗ L 7

10 Прослушайте и прочитайте текст песни *Электронная любовь* русской группы *Non Stop*.

Электро́нная любо́вь – лека́рство от тоски́
Сма́йлы в эфи́ре, чу́вства онла́йн, в тру́бке гудки́
ICQ и ме́йлами ста́ли так близки́
Но сма́йлы засты́ли, не замени́ть не́жность руки́

Припев:
Электро́нная любо́вь – и дыха́нье затая́
Электро́нная любо́вь – в э́той сети́, но не любя́
Электро́нная любо́вь – накрыва́ет с голово́й
Электро́нная любо́вь – всё по сети́ вме́сте с тобо́й

Отправля́ю код любви́ бегу́щею строко́й
В ме́ссендже ми́на или опя́ть что-то со мной
Бо́льше жи́зни я хочу́ услы́шать го́лос твой
И неисправи́мо гу́бы мои́ бре́дят тобо́й

ICQ и ме́йлами ста́ли так близки́
До́ступ включи́ли и в се́рдце онла́йн
Бью́тся гудки́, бью́тся гудки́…

а) О какой ситуации рассказывают песня и картинка?

б) Как вы думаете, почему «электронная любовь – лекарство от тоски»?

11 Возможна ли любовь по Интернету? Прочитайте мнения из интернет-форума и напишите свой комментарий по этому вопросу.

Никуля:	Между нами – 2000 км… Я в Москве, а он – в Берлине. Часто общаемся в аське и по телефону… Говорит, что любит… Врёт? Возможна ли любовь через Интернет?
Алина:	Я случайно познакомилась с парнем в нете и встречаюсь с ним вот уже второй год, пока всё хорошо.
deep:	Без реальной встречи никак нельзя. Какая же это любовь? Познакомиться в инете – можно, встретиться, посмотреть друг на друга, пообщаться. Вот тут, я согласна, может возникнуть любовь. По собственному опыту знаю.
m@lina19:	Виртуальная любовь – это миф… не приведёт ни к чему… все мы тут просто убиваем время… и спасаемся от временного одиночества…
Аноним:	В Интернете ты можешь узнать человека, его характер, его стиль общения. И ты влюбляешься не в его внешность, а в его характер.
максимус:	Возможно, он придумал себе образ, возможно, это вообще был не парень, а девушка, возможно, это был седой старик, а возможно – 12-летний мальчик. Ты мечтаешь о ком-то, кого в действительности нет. Выйди в реальную жизнь и найди реального человека.

12 Прочитайте афоризмы и обсудите их с партнёром. Какой афоризм нравится вам больше других? Почему?

Если любовь взаимна,
любая работа посильна.

Любовь все языки понимает.

Люби дело – мастером будешь.

Любить глубоко – значит забывать о мелком.

Любить самого себя – значит определить цель своей жизни, найти любимое занятие.

Любовь и дружба – взаимное эхо: они дают столько, сколько берут.

В детях родители любят своё будущее,
а взрослые дети в родителях - своё детство.

13 Что вам важно в вашей жизни?

а) Вот результаты интернет-опроса в России. Проанализируйте ответы молодых людей. ↗ L 13

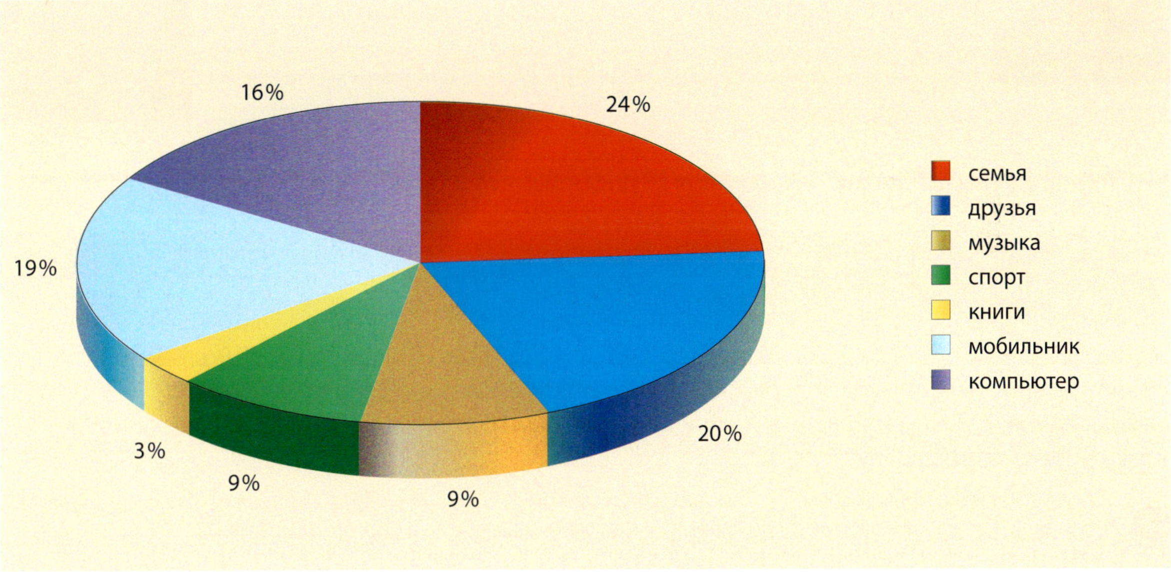

б) Как вы оцениваете результаты опроса? Обсудите опрос в группах.

в) Проведите опрос на тему *Что ваши одноклассники любят больше всего?*
Изобразите ваши результаты в виде диаграммы и подготовьте презентацию.

г) А что вы лично любите больше всего на свете? Почему? ↗ L 6
Напишите комментарий на сайте опроса.

1 B Всяк кузнец своего счастья.

1 Кем хотят стать эти молодые люди?

а) Прочитайте мнения молодых людей.

Аня: Я хочу быть актрисой. Я очень люблю играть разные роли в спектаклях, и меня хвалят. Но я боюсь, что у меня ничего не получится, поэтому я скорее всего поступлю на финансово-экономический. Просто у меня «душа не лежит» к экономике. Мама советует мне идти на актёрский, когда закончу институт. Тогда я могу работать в шоу-бизнесе, а работа в фирме – запасной вариант, чтобы не остаться безработной.

Олег: Я пока на 100% не уверен, но думаю, что буду автомехаником. На мой выбор повлияло то, что у автомехаников неплохая зарплата.

Юра: Свою будущую профессию я ещё не выбрал. У меня ещё есть время. Конечно, родители иногда говорят со мной о моём будущем, и если бы не они, я бы вообще не думал о том, кем я хочу стать.

Артём: Я стану военным. Я думаю, для этого нужно быть сильным и выносливым. На моё решение повлияли родители. Папа у меня военный и дедушка тоже, и я хочу продолжить семейную традицию.

Оксана: Уже давно я мечтаю стать переводчиком. Можно путешествовать по разным странам и знакомиться с новыми людьми. А чтобы стать переводчиком, надо хорошо владеть английским. Этот язык я знаю хорошо, учусь в школе с углублённым изучением английского языка. К сожалению, работа переводчика не является высокооплачиваемой.

б) Спишите таблицу в тетрадь и дополните её информацией из текста.

имя	выбранная профессия	причины для выбора	навыки и умения для этой профессии
Олег	*автомеханик*	???	???

2 Какие предложения составляют пару? Подберите продолжение к каждому предложению, употребляя придаточные предложения причины с союзами *потому что, так как, поскольку,* и запишите их в тетрадь.

М Вера будет учиться на юриста, поскольку она хочет бороться за справедливость.

а) Антон мечтает стать парикмахером.
б) Ирина хочет работать музыкантом.
в) Саша решил стать учителем.
г) Вера будет учиться на юриста.
д) Егор будет работать журналистом.

1) Он любопытный человек, отлично пишет и хочет брать интервью у звёзд.
2) Она хочет бороться за справедливость.
3) Он творческий человек и любит делать своим друзьям причёски.
4) Он увлекается спортом и любит работать с детьми.
5) Она в восторге от музыки и охотно играет на пианино и на виолончели.

3 Используя информацию из таблицы (упр. 1б), составьте придаточные предложения причины. Кем хотят стать ребята и почему?

М Олег хочет стать автомехаником, так как ему важно хорошо зарабатывать.

4 Выберите интересную для вас профессию. Найдите информацию о том, какие навыки и знания нужны для этой профессии. Представьте профессию своим одноклассникам и обоснуйте ваш выбор.

5 Проинтерпретируйте карикатуры. На какие проблемы они указывают? Как вы относитесь к этим проблемам? ↗ L 9

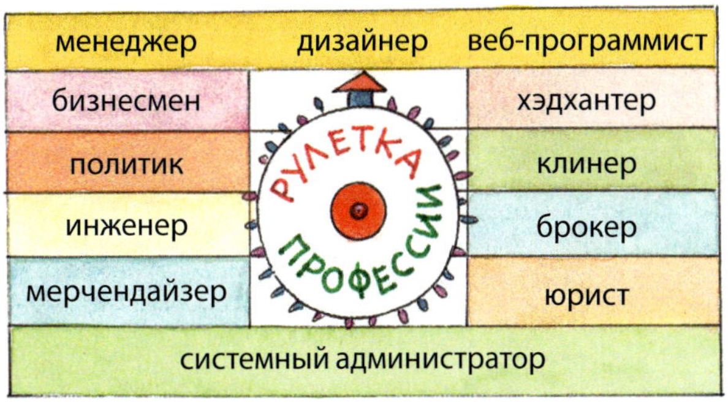

6 Для заявления о принятии на практику Том написал своё резюме. Чем оно отличается от немецкого резюме?

Tom Landner
Lavendelweg 36
12038 Berlin

E-Mail: tom.landner@gmail.com
тел.: +49/30/904 71 28

Резюме

Цель	Прохождение практики в Вашей организации с 01 по 30 июля
Образование	
2001-2007	Начальная школа им. Оверберг, Берлин
с 2007 года	Гимназия им. Генриха Гейне, Берлин окончание в 2014 г. с аттестатом зрелости
Опыт работы	
10/09 – 07/10	Дополнительные занятия по математике и русскому языку с отстающими учениками
Дополнительные сведения	Иностранные языки: английский язык (средний разговорный уровень) русский язык (средний разговорный уровень) французский язык (базовый уровень) Компьютерные навыки: MS Word, Excel, PowerPoint
Рекомендации	Михаэл Шмидт, гимназия им. Г. Гейне, Берлин, учитель, michaelschmidt@gmx.net, тел. 030/48 62 30

7 У вас в школе проводится проект *Профессиональная ориентация*, и вас попросили рассказать о том, как пишется сопроводительное письмо в России. Прочитайте советы к составлению сопроводительного письма и передайте самые важные факты на немецком языке.

Цель сопроводительного письма – обратить внимание работодателя на ваше резюме.
Оно характеризует вас как личность, показывает умение уделять внимание деталям, навыки коммуникации, энтузиазм, интеллект и определённый интерес к компании, в которую вы направляете письмо.

Содержание

- ***Обращение:*** Адресуйте сопроводительное письмо определённой компании и определённому лицу, которое будет рассматривать вашу заявку.
- ***Вступление:*** Укажите вакансию, на которую претендуете. Напишите, как вы о ней узнали. Подчеркните свой интерес к той сфере, в которой работает компания в настоящий момент, а также ваши умения и навыки.
- ***Основная часть:*** Выберите наиболее подходящую информацию о ваших достижениях в учёбе и общественной жизни и продемонстрируйте, как это вас характеризует. Подчеркните пользу, которую вы можете принести компании.
- ***Заключительная часть:*** Выразите пожелание и готовность приехать на интервью, предоставить дальнейшую информацию о вас и напишите о том, как можно с вами связаться. В заключении поблагодарите вашего адресата за проявленное внимание и время, уделённое на рассмотрение вашей кандидатуры.

Язык и форма

Сопроводительное письмо
– должно состоять не более чем из одной страницы и содержать абзацы,
– должно быть написано понятным и однозначным языком,
– не должно повторять резюме,
– не должно содержать грамматических и стилистических ошибок.

8 Прочитайте объявление и помогите Тому написать сопроводительное письмо. ↗ L 14

Практикант
с функциями помощника руководителя

Тип вакансии: практика
Доход: 5000 руб.
Условия: бесплатная подготовка, дружный коллектив, офис в центре города, рядом удобная транспортная развязка
Требования: уверенность, обучаемость, коммуникабельность, ответственность
Обязанности: организация работы офиса, помощь в проведении презентаций, обработка и анализ информации, планирование

Олег Константинович Самойлов
Город: **Самара**
Телефон: 7-917-168-87-76

Уважаемый Олег Константинович,
– писать по поводу объявления в...
– хорошо знаю/умею ...
– уверенный в себе
– заинтересованный
– коммуникативный
– сознательный
– хорошо адаптируюсь в любом коллективе
– могу быть полезен ... (чем?)
– к письму прилагается ...
– задать вопросы...
– был бы рад возможности ...
– приглашение на собеседование ...
– спасибо за внимание, за Ваше время...
– С уважением ...

9 Посмотрите на картинки и скажите, что для этих людей самое главное в жизни.

10 А что для вас важно в жизни?

↗ L 15

а) Выберите из приведённых примеров семь самых важных для вас ценностей и обоснуйте свой выбор.

семья, карьера, счастье, любовь, удовлетворение, деньги, друзья, образование, работа, взаимопонимание, власть, вера/религия, успех, мир, традиции, безопасность, здоровье, материальное благополучие, богатство, индивидуальность

- Я считаю, что…(По-моему, …)
- Самая важная ценность …
- … более важно чем …
- На первом (втором, третьем) месте …
- … мне очень важно, потому что …
- Для меня … играет большую роль, так как …

б) Обсудите ваши результаты сначала с партнёром, потом в группах. Составьте список самых важных для вас ценностей и представьте его в классе. Какова специфика ценностей вашего класса?

в) Вот результаты интернет-опроса о том, какие ценности особенно важны русской молодёжи. Сравните эти результаты со списком вашего класса. Есть ли совпадения и различия?

Что важнее в жизни?

1. семья
2. материальное благополучие
3. здоровье
4. любовь
5. мир на земле
6. дружба
7. религия

1 Обмен учениками

Представьте себе, что скоро в вашей школе будут ученики по обмену из России. Подготовьте презентацию (доклад, постер, фильм, газету, …). Расскажите о вашей школе, об учениках, о том, чем вы занимаетесь в свободное время, о вашем городе (регионе).

2 Виртуальная любовь

а) Прослушайте рассказ и подберите к нему картинки.

б) Правильно или неправильно? Исправьте неправильные предложения.

1. У Лены много знакомых по Интернету.
2. Серёжа и Лена общались по Интернету шесть месяцев, а потом Лена предложила встретиться.
3. Лена и Серёжа ходили в кинотеатр.

3 План карьеры

↗ L 1

Без плана трудно добиться успеха, поэтому составьте свой план карьеры в виде маршрута своего образования. Сначала сделайте заметки.

а) Запишите ваши интересы, способности, умения и знания.

б) Как вы думаете, какие профессии подходят к вашим интересам, способностям и умениям?

в) Что вам нужно сделать, чтобы подготовиться к этой карьере?
Какие способности вам нужно развить и какие умения приобрести? Составьте план карьеры.

Ваша цель на
- 3–6 месяцев
- 6–12 месяцев
- год и далее

г) В маленьких группах представьте ваши планы и обсудите их.

Жизнь в друго́й стране́

во вре́мя кани́кул
с/де́лать уро́ки, дома́шние зада́ния
заня́ться/занима́ться *чем?* (му́зыкой, спо́ртом)
изучи́ть/изуча́ть *что?* (англи́йский язы́к)
ла́зить по скалола́зной стене́
ли́чное разви́тие
нача́льная шко́ла
оконча́ние шко́лы
око́нчить/ока́нчивать *что?* (шко́лу, учёбу)
перейти́/переходи́ть в другу́ю шко́лу
пода́ть/подава́ть заявле́ние
получи́ть/получа́ть *что?* (образова́ние, отме́тки)
поступи́ть/поступа́ть *куда?* (в шко́лу, в университе́т)
по/теря́ть год
принима́ющая семья́
провести́/проводи́ть *что?* (свобо́дное вре́мя, уче́бный год за рубежо́м, за грани́цей)
профессиона́льная шко́ла
расши́рить/расширя́ть *что?* (кругозо́р)
реа́льная шко́ла
самостоя́тельный
(не) сдать/сдава́ть экза́мен на *что?* (аттеста́т зре́лости)
систе́ма образова́ния
скуча́ть по *кому? чему?* (ро́дине, дру́гу, роди́телям)
сре́дняя общеобразова́тельная шко́ла
уве́ренный в себе́
упусти́ть/упуска́ть *что? где?* (в шко́ле)
уро́к начина́ется (конча́ется)
у/соверше́нствовать язы́к
учи́лище
учи́ть *что?* (матема́тику, обществозна́ние, ру́сский язы́к)
учи́ться *где?* (в шко́ле, в гимна́зии)
экза́мен по *чему?* (ру́сскому языку́, матема́тике)

Любо́вь

быть жена́тым
быть за́мужем
виртуа́льная любо́вь
влюби́ться/влюбля́ться в *кого?*
встре́титься/встреча́ться с *кем?*
вы́йти за́муж за *кого?*
гуля́ть с *кем?* (*разг.*)
действи́тельность
жить отде́льно
жить с *кем?* (со свои́ми роди́телями)
заме́тить о́бщее и отли́чия
идти́ на свида́ние
име́ть па́рня, де́вушку
иска́ть *кого? что?* по Интерне́ту
любо́вь с пе́рвого взгля́да
мечта́ть о *ком? чём?* (челове́ке, большо́й любви́)
обзавести́сь семьёй
обрати́ть/обраща́ть внима́ние на вне́шность челове́ка
отноше́ние к *кому? чему?* (челове́ку, те́ме)
по/жени́ться
по/обща́ться с *кем?* (де́вушкой, друзья́ми)
по *чему?* (телефо́ну, Интерне́ту)
где? (в ча́те, в а́ське)
по/знако́миться с *кем?*
по/целова́ться
притвори́ться *кем?* (други́м челове́ком)
реа́льность

Моё бу́дущее

бу́дущая профе́ссия
быть гото́вым (гото́вой) к *чему?* (поступле́нию в учи́лище)
высо́кая, неплоха́я, ни́зкая зарпла́та
высокоопла́чиваемая рабо́та
доби́ться/добива́ться *чего?* (материа́льного благополу́чия, успе́ха, це́ли)
идти́ на интервью́
на/писа́ть заявле́ние о *чём?* (приня́тии *куда?* на рабо́ту, на пра́ктику)
о́пыт рабо́ты
оста́ться/остава́ться безрабо́тной (безрабо́тным), без рабо́ты
по/влия́ть на вы́бор профе́ссии
под/гото́виться к *чему?* (собесе́дованию)
получи́ть/получа́ть квалифика́цию
пригласи́ть/приглаша́ть на интервью́
приня́ть/принима́ть уча́стие в *чём?* (ко́нкурсе)
продо́лжить/продолжа́ть семе́йную тради́цию
пройти́/проходи́ть пра́ктику
путеше́ствовать по ра́зным стра́нам
с/де́лать карье́ру
сопроводи́тельное письмо́
соста́вить/составля́ть резюме́
стать (рабо́тать) *кем?* (певи́цей, инжене́ром)
стреми́ться к *чему?* (сча́стью)
уча́ствовать в *чём?* (опро́се)

УРОК 2 О вкусах не спорят.

Искусство есть средство для беседы с людьми.

Н. Чернышéвский

1 Посмотрите на картинки и скажите, к каким видам искусства они относятся.

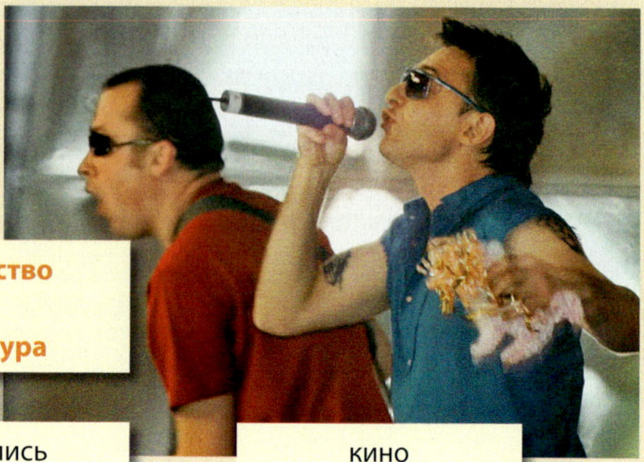

искусство и культура

литература

живопись
скульптура
архитектура

кино
театр
музыка

2 Как вы относитесь к искусству и культуре? Расскажите о себе.

– Как часто вы ходите в кино, театр, на концерты и выставки?
– Какой вид литературы вы больше всего любите?
– Что вы больше всего предпочитаете? Почему?

3 Прочитайте строки песни и передайте их содержание своими словами.

«У земли́ жар, температу́ра,
Нужна́ волше́бная процеду́ра
И немно́го любви́,
Что́бы вы́лечить душе́вные ра́ны:
Любви́ для Земли́,
Умира́ть ей ещё сли́шком ра́но …»
«Ска земли́» Bebe

4 Традиция

Назовите семейные, церковные, общественные и политические традиции.

- интересоваться кино, архитектурой, живописью
- увлекаться классическим (современным) танцем, искусством
- посещать музеи, выставки, галереи
- ходить на концерты, в кино, в театр
- любить музыку, картины, скульптуру
- любить слушать электронную (классическую) музыку
- любить читать книги о приключениях (о любви), фантастику
- уметь играть на гитаре, пианино, барабанах

2 A Жизнь ska-ска

1 О чём говорят вам эти символы субкультуры ска?

2 Прочитайте текст из форума *Планета школ*.

Как-то в автобусе услышала от взрослого мужчины такую фразу:
– Эти эмо-готы-ска-подростки только и знают траву́[1] курить.
Мне стало обидно. Во-первых, кто дал вам право судить тех, о ком вы вообще ничего не знаете? А во-вторых, нельзя валить всех в одну ку́чу[2]. Где эмо и готы – и где ска?! Хотелось популярно объяснить человеку, как он неправ. Но потом стало ясно: всё равно его не переубедишь. Было бы интересно – взял бы да узнал, кто мы такие, что собой представляем и чем отличаемся друг от друга. Пришла домой, покопалась в Интернете. И вижу, что информации – кот напла́кал[3]. Что ж, постараюсь немного рассказать о том, что знаю.
Название «ска» относится в первую очередь к музыке. Мало кто знает, что именно из ска зародились и регги, и рэп и что ска – вовсе не скинхедовское увлечение, а целая культура, вы́росшая[4] из музыкального стиля, у которого очень глубокие корни.
Ска – это позитивная культура, мы счастливы от того, что живём, мы рады этому миру! Мы слушаем заряжа́ющую[5], заводя́щую[6] музыку, мы поём и танцуем. И рассказываем о том, что нас волнует. Мы за равенство, мы за экологию, мы за кайф[7]! У нас много друзей, мы энергичны и деятельны. Мы против насилия. Мы за любовь. Мы за мир, за солнце и за счастье! И не надо думать, что мы – обку́ренные[8] кайфуши. Ска – это самая лучшая подростковая субкультура. Не надо худеть и страдать, не надо одеваться в непонятные чёрные одежды и раскрашивать себе лицо или волосы… Надеюсь, этот расСКАз хоть немного прояснит ситуацию, и может, кто-нибудь захочет влиться в нашу культуру.

Автор: *Скалярия*

1 Gras, Kraut 2 *ugs.* nicht alle in einen Topf werfen
3 *ugs.* sehr wenig; wie die Katze auf ihrem Schwanz wegtragen kann
4 *ср.* вырасти 5 aufladend 6 aufrührend
7 *hier:* Spaß, Vergnügen 8 *ср.* курить

а) Ответьте на вопросы.

1. Что думают взрослые о подростках?
2. Из чего выросла ска-субкультура?
3. Чем занимаются ска-фанаты?
4. Какие у них идеалы?

б) Разделите текст на четыре части так, чтобы к ним подходили следующие заголовки.

– Старшее поколение о молодёжи
– История ска
– Идеалы субкультуры ска
– Увлечения ска-фанатов

в) Выберите из текста всю информацию о субкультуре ска и расскажите о ней.

3 Переведите и сравните предложения.

а) Обратите внимание на образование и употребление кратких и полных форм прилагательных.

Вовсе не скинхедовское увлечение, а целая культура, выросшая из музыкального стиля, у которого очень глубокие корни.

Хотелось популярно объяснить человеку, как он неправ. Мы счастливы от того, что живём, мы рады этому миру!

б) Найдите в тексте упр. 2 все другие имена прилагательные и назовите их формы.

в) Придумайте по два предложения с полной и краткой формами прилагательных.

М Я люблю популярную музыку. Эта песня в нашей стране очень популярна.

4 На картинках вы видите молодых людей.

Посмотрите на фотографии, какой стиль одежды вам больше нравится?

а) Найдите соответствующие слова в немецком и английском языках. E D

джинсы | пирсинг | шорты | тату(ировка) | мини | кроссовки

б) Опишите внешний вид одной девочки и одного мальчика.

5 Подготовьте дискуссию по следующим вопросам.

↗ L 15

Нужна ли молодёжи своя (суб)культура?
Внешний вид – первый признак субкультуры или отрицание стандартной моды?
Влияют ли на вас взгляды ваших сверстников?

6 Познакомьтесь с отрывком из песни *Начни с себя* русской группы *Distemper*.

Мне присни́лся сон,
Бу́дто це́лый мир влюблён,
Что исче́зли все грани́цы
И счастли́вей ста́ли ли́ца.

Что все города́
Позабы́ли навсегда́
Все свои́ пробле́мы,
Отмени́ли все систе́мы.

Да́же во́здух чи́ще стал,
Прекрати́лся крimина́л,
Чёрные и бе́лые,
Трусли́вые и сме́лые,

Вдруг ста́ли понима́ть,
Глу́по жизнь зазря́[1] теря́ть.
Переста́ли дра́ться, воева́ть
И ста́ли вме́сте зажига́ть[2].

Припев:
Я о́чень хочу́,
Чтоб сон э́тот сбы́лся,
Я сде́лаю всё,
Чтоб мир измени́лся.

1 für nichts, umsonst, *cp.* зря
2 *ugs.* abgehen

а) Каким должен стать мир по словам этой песни?

б) Как вы понимаете название песни *Начни с себя*?

в) Прочитайте строчки припева и напишите, что нужно сделать, чтобы изменился мир. Начни(те) с себя.

7 Перед концертом

Российский ученик Алёша, который в рамках программы школьного обмена учится в Германии, узнаёт, что его любимая группа *Distemper* здесь в турне. Он хочет пойти на концерт со своей новой подругой Мартиной. Помогите им понять друг друга.

Алёша: Моя любимая группа *Distemper* сейчас в турне по Германии.
Мартина: Weißt du, wo sie auftritt?
Алёша: В Берлине, Гамбурге, Ганновере, Бремене, Дрездене и в Ростоке.
Мартина: Lass uns nach Hamburg fahren.
Алёша: Согласен, это не так далеко. Ты можешь заказать билеты?
Мартина: Ich werde die Karten über das Internet bestellen.
Алёша: Хорошо, заказывай. Как поедем в Гамбург?
Мартина: Mit dem Zug. Weißt du schon, was wir anziehen?
Алёша: По ска-моде.
Мартина: Alles klar.

8 Тату или пирсинг?

↗ L 1

Прослушайте передачу радиостанции *Динамит FM* (DFM 103,4) и сделайте заметки, чтобы ответить на вопрос: *Какие причины побудили радиослушателей сделать тату или пирсинг?*

9 Красота и здоровье

а) Прочитайте высказывания из Интернета. Назовите причины, по которым участники этого форума сделали себе татуировки или пирсинг.

Лара, Питер: Это был мой лучший подарок на Рождество: пирсинг носа (две пики). В школе мне сказали, что этот пирсинг – нарушение школьного порядка. Я могу посещать школу, если удалю его. Для меня это старомодно. Невероятно. Пирсинг маленький. Мои подруги даже не заметили его. В Азии – это знак культуры, но я не азиатка. Мой папа на моей стороне. Он идёт к директору.

Нина, Ростов: Я думаю, что боди-арт – прекрасный путь выразить свою оригинальность. Тату – выражение личности. Это символ мужества и силы. Оно поднимает настроение.

Георгий, Иркутск: Я бы хотел сделать тату на плечах, чтобы было видно. Но боюсь инфекции. Я много читал о непрофессиональных студиях. У людей аллергии, СПИД и туберкулёз. У моей подруги ужасный шрам. Она ненавидит себя за то, что тату на видном месте.

Борис, Смоленск: Недавно моя подруга сделала себе пирсинг (три пики) в языке. На прошлой неделе у неё остановилось дыхание, и её доставили в больницу. Она чуть не умерла, потому что пирсинг мешал врачам ввести трубку дыхательного аппарата. После этого случая я сразу же удалил свой пирсинг.

б) Теперь сами напишите комментарий на эту тему. ↗ L 6

10 Подготовьте ток-шоу на тему Тату и пирсинг: Красота или опасность?.

↗ L 7, 15

Распределите роли:
- папа
- мама
- врач
- подросток, который решил носить пирсинг (сделать тату)
- одноклассник, у которого есть пирсинг и (или) тату

11 Современный мир – виртуальная деревня.

В Интернете еть много социальных сайтов, форумов и порталов разных молодёжных субкультур. В них люди из всего мира обмениваются музыкой, организуют концерты, встречи или просто знакомятся с единомышленниками.

а) Какие сайты, порталы, форумы молодёжных субкультур вы знаете?

б) Расскажите об одном из сайтов.

– Какие субкультуры на нём представлены?
– Что делают юзеры?
– Какие темы здесь обсуждаются?

в) Как вы думаете, в чём польза, а в чём недостатки таких сайтов?

2Б Искусство писать – это искусство сокращать.

1 Придумайте заглавие к картинке.

Какую историю вы можете себе представить, видя эту картинку?

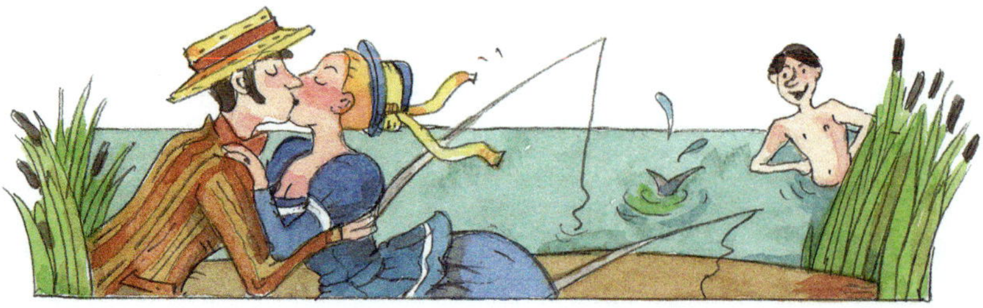

2 Прочитайте отрывок из рассказа *Злой мальчик*.

Сравните содержание рассказа с вашими мыслями.

Ива́н Ла́пкин, молодой человек, и А́нна Замбли́цкая, молодая девушка, спустились к реке, сели на скамейку и стали ловить рыбу. Хорошее место, вы скры́ты от ми́ра[1] – видят вас только рыбы.
– Я рад, что мы, наконец, одни, – начал Лапкин. Когда я увидел вас, я полюбил впервые!
Анна подняла руку с удочкой и вскрикнула: Ах, ах … Скорей!
В воздухе была рыбка.
Лапкин вместо рыбы нечаянно схватил руку Анны и прижал её к губам.
За поцелуем следовал другой поцелуй… Счастливые минуты!
Но в жизни нет абсолютно счастливого. Счастливое отравляется чем-нибудь извне.
Когда молодые люди целовались, вдруг послышался смех. В воде стоял мальчик.
Это был Ко́ля, гимназист, брат Анны.
– А-а-а …вы целуетесь? – сказал он. – Я скажу маме.
Дайте рубль, тогда не скажу!
Лапкин вынул из кармана рубль и дал Коле.
На другой день Лапкин привёз Коле из города краски и мячик, а сестра подарила ему все свои коробочки. Злому мальчику это очень нравилось. Он стал наблюдать.
Куда Лапкин с Анной, туда и он. Ни на минуту не оставлял их одних.
Весь июнь Коля не давал покоя влюблённым. Он наблюдал, требовал подарков и стал поговаривать о карманных часах.
В таком положении молодые люди находились до конца августа, до того дня, когда Лапкин сделал Анне предложение пожениться.
Это был счастливый день!
Получив согласие родителей, Лапкин побежал искать Колю.
Найдя его, он схватил злого мальчика за ухо. Анна схватила за другое ухо.
– Любимые, не буду! Ай, ай, простите!
Потом Анна и Иван сказали, что ни разу не испытывали такого счастья, как в те минуты, когда схватили злого мальчика за уши.

(по рассказу А. П. Чехова)

1 vor der Welt verborgen sein

3 Скажите, что правильно.

1. Время действия рассказа –
   А зима.
   Б лето.
   В осень.

2. Место действия –
   А у озера.
   Б у моря.
   В у реки.

3. Автор описывает
   А день свадьбы.
   Б прощание на вокзале.
   В взаимоотношения людей.

4. Главная мысль рассказа –
   А слабость характера.
   Б честь семьи.
   В цена любви.

4 Напишите резюме рассказа.

↗ L 2

Скажите своими словами, о чём идёт речь в этом рассказе.

5 Расскажите, что вы узнали о «злом мальчике».

↗ L 4

– общая характеристика (черты характера, сильные и слабые стороны)
– поведение (отношение к другим и к себе)
– внешность (возраст, лицо)
– происхождение

6 Рассмотрите картинки к рассказу *Злой мальчик*.

а) Опишите ситуацию, которая изображена на каждой из картинок.

б) Определите порядок картинок по содержанию рассказа.

а.

б.

в.

г.

д.

е.

7 Язык А. П. Чехова

а) Найдите в рассказе места, которые описывают чувства любви, страдания и удовлетворения.
б) Перепишите таблицу в тетрадь и дополните её ключевыми фразами.

любовь	страдание	удовлетворение
я рад, что мы … одни ???	*счастливое отравляется* ???	*мальчику это нравилось* ???

8 Распределите роли: Иван Лапкин, Анна Замблицкая и Коля.

↗ L 7

Приготовьте ролевые карточки, чтобы разыграть действие рассказа.

9 Чехов аптудейт и в наши дни?

а) Перенесите действие рассказа Чехова в наше время.
б) Напишите собственный сценарий.
в) Разыграйте его по ролям.
г) Какой сценарий вам больше понравился? Объясните ваше мнение.

10 Посмотрите фильм *Злой мальчик* по рассказу А. П. Чехова и ответьте на вопросы.

↗ L 1, 12

1. Когда и где происходит действие фильма?
2. Кто главные герои (возраст, профессия)?
3. Расскажите, что вы узнали о «злом мальчике» из фильма:
   - общая характеристика (черты характера),
   - поведение (отношение к другим и к себе),
   - внешность (возраст, лицо),
   - происхождение.
4. В чём состоит актуальность темы А. П. Чехова?

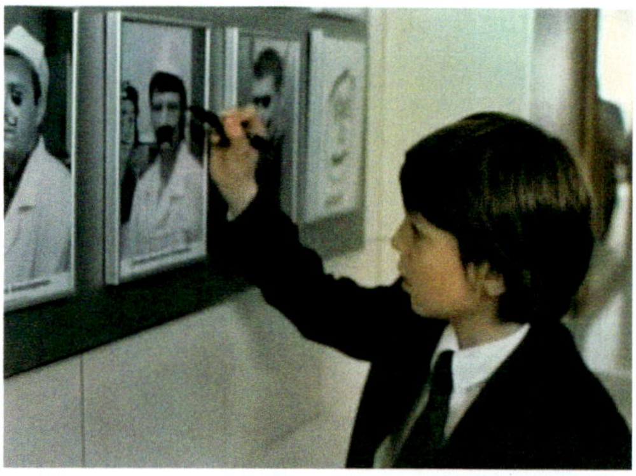

11 Ваш русский друг (ваша русская подруга) хочет участвовать в открытом конкурсе *Произведения А. П. Чехова*. Он (она) не знает, как это сделать. Помогите ему (ей).

Fülle den Fragebogen aus. Vergiss deine Unterschrift nicht.
Schreibe einen Text, ein Essay, eine Notiz in Anlehnung an Tschechows Kurzgeschichten oder über den Dichter selbst in deutscher oder russischer Sprache oder fertige eine Skizze oder Zeichnung an.
Stelle deine Ergebnisse vor der Klasse vor. Zeichne deinen Auftritt auf und schicke deine Arbeit/en bis zum 10. August an folgende Adresse:

Russisches Haus der Wissenschaft und Kulturen
Friedrichstraße 176
10117 Berlin

12 «В детстве у меня не было детства».

а) Прочитайте текст о детстве А. П. Чехова.

Антон Павлович Чехов родился и вырос в скучном и сером провинциальном городке Таганро́ге. У отца его, Па́вла Его́ровича, была ла́вка[1], в которой Антоша, ещё совсем мальчиком, должен был работать. Занятие это он не любил – записывать и считать было скучно. Не любил Антоша и репетиций церковного хора, которые устраивал его отец. Очень часто они шли до полуночи, а по праздникам отец будил детей в два или три часа ночи и вёл их в церковь. Кроме работы в лавке, репетиций хора и учёбы в гимназии, Антоша учился портня́жному де́лу[2] и помогал матери – готовил еду, ходил за продуктами, убирался в доме.

Отец А. Чехова воспитывал своих детей деспотически: он был строг, не пускал их играть на улице и часто бил. Строгие порядки были и в гимназии, где учился А. Чехов. Став взрослым, А. П. Чехов в письме к брату писал: «Детство отравлено у нас ужасами». Но в Чехове мы не видим злости: с портрета на нас смотрит, чуть прищу́рившись[3], интеллигентный и вежливый взгляд, а в его рассказах всё прикрыто мягким юмором и лёгкой печалью.

1 Verkaufsstand 2 Schneiderlehre 3 mit zugekniffenen Augen

б) Ответьте на вопросы.

1. Как описывается город Таганрог?
2. Чем должен был заниматься А. Чехов в детстве?
3. Каким был отец А. Чехова?
4. Что говорится о взрослом А. Чехове?

в) Объясните на основе текста выражение А. Чехова «В детстве у меня не было детства».

13 Сравните описание жизни А. Чехова с жизнью Коли из фильма *Злой мальчик*. Перепишите таблицу в тетрадь и дополните её.

	А. Чехов	«злой мальчик»
занятия	*работать в лавке* ???	*купаться в бассейне* ???
характеристика отца	*злой* ???	*весёлый* ???

14 А. Чехов считал своё детство трудным. А что будет рассказывать «злой мальчик» (упр. 10) о своём детстве, когда вырастет? Сделайте предположения и обоснуйте их. ↗ L 15

15 В вашей школе проводится *День открытых дверей*. Ваш класс представляет предмет *Русский язык*. Сделайте коллаж на тему *Жизнь и творчество А. П. Чехова*.

Возможные темы коллажа:

Места жизни А. П. Чехова

А. П. Чехов – писатель и драматург

А. П. Чехов как человек

А. П. Чехов – врач

2 B Традиция есть традиция.

1 Ответьте на вопросы.

Какие традиции вы знаете?
Какие традиции со временем уходят, какие меняются, а какие остаются без изменений?
Какие традиционные праздники отмечаются в вашей школе?

2 Праздники России

а) Прочитайте следующие предложения и подберите к каждому из них соответствующую картинку.

1. *14 февраля – День Святого Валентина и праздник всех влюблённых.*
2. *День учителя праздновали в первый раз в Советском Союзе. С 1994 года в России он отмечается 5 октября.*
3. *Праздник Святого Христова Воскресения – главное событие года для православных христиан.*
4. *Масленица отмечается в феврале – марте целую неделю. Это проводы зимы.*
5. *Этот праздник напоминает о победе над нацистской Германией в Великой Отечественной войне 1941 – 1945 годов. Отмечается 9 мая.*

б) Распределите эти праздники по следующим группам.

семейные	общественные	государственные	школьные	церковные

в) Какие из этих праздников отмечают и в Германии?
Если их нет, то какие похожие праздники существуют?

У вас есть любимый праздник? Объясните своим одноклассникам, почему именно этот праздник нравится вам больше всего.

3 Мы живём в мире глобализации. Это прослеживается и в традициях праздников разных стран мира.

а) Опишите атмосферу этих картинок.

б) Прочитайте информацию о Хеллоуине – кануне Дня всех святых.

Хеллоуин – один из многих праздников, доставшихся нам от языческих времён. Народы разных стран и времён приложили свои усилия, чтобы нам было чему порадоваться хмурым октябрьским днём. 31 октября фактически весь мир сходит с ума, переодевается в немыслимые костюмы чертей, ведьм[1], мертвецо́в и домовы́х[2], ходит всю ночь по улицам с горящими фонарями, стучится в дома, из окон которых выглядывают страшные и забавные тыквенные рожицы, и требует от добропоря́дочных[3] граждан сладости.

1 Hexe 2 Hausgeist, Kobold 3 anständig

в) Расскажите о происхождении этого праздника.

г) Составьте диалог на тему *Как вы проводите (провели бы) Хеллоуин?*.

4 На этих фотографиях изображено празднование одного события. ↗ L 1

Скажите, кто принимает участие, какое это событие и в каких городах оно проходит? Какие признаки подтверждают ваше мнение? Сделайте заметки и представьте ваши результаты.

5 Прочитайте тексты о выпускных вечерах разных времён.

Выпускной вечер – один из тех праздников, который бывает только раз в жизни. Эти вечера в школах всегда были отражением своего времени.

***Вера Белякова*, выпускница 1969 года школы № 258:**

Где и как: Выпускной мы отмечали дважды – сначала в школе после экзаменов, потом – на Красной площади. Традиции отмечать выпускные в ресторанах не было. Всё было гораздо скромнее. На столах стояли фрукты, пирожные, шампанское. Хотя наши мальчики втиха́ря[1] пробовали более крепкие напитки. Потом были танцы. Ближе к ночи мы всем классом пошли гулять.

В чём: Платье обязательно должно было быть белым. Тогда начиналась мода на мини и мы боролись с мамами за каждый сантиметр. Мы, выпускницы, хотели платья как можно короче.

Наряд мне покупали в магазине по большому бла́ту[2]. Платье было финское, из кримпле́на[3].

За сколько: На мой выпускной мы потратили около 25 рублей. Это была значительная сумма. Мама тогда зарабатывала 167 рублей.

1 heimlich 2 durch Beziehungen 3 Kunststofffaser

***Анастасия Мартьянова*, выпускница 2009 года школы № 654 – Центр образования им. Фридмана:**

Где и как: Выпускной был на Красной площади. Сюда пришли 5000 лучших выпускников города Москвы, получивших «золотые» и «серебряные» медали. Мы прощались со школой у кремлёвских стен. После выступления президентского оркестра начался грандиозный концерт, который ровно в полночь закончился фейерверком. В зале Гостиного двора нас ожидала дискотека, различные конкурсы и сюрпризы до 6 часов утра.

В чём: Всё напоминало если не карнавал, то шоу моды: почти свадебные платья и экстремальные вещи от-кутюр. Моим платьем в этот вечер я показала свой характер и настроение. Платье было ярко красного цвета.

За сколько: Моё платье стоило 10.000 рублей. Затраты на вечер и подарки для учителей составили ещё 6000 рублей. Мои родители зарабатывают 50000 рублей в месяц.

6 Найдите сходства и различия выпускных вечеров этих времён (упр. 5).

Представьте ваши результаты в классе. Подтвердите ваше мнение конкретными примерами из текстов.

7 «Выпускные вечера всегда были отражением своего времени».

Что вы думаете об этом? Выскажите своё мнение. Изменилось ли отношение молодых людей к традиции отмечать выпускные вечера? Опишите чувства выпускников.

8 Переведите пассивные конструкции на немецкий язык.

Некоторые традиции меняются обществом.
Выпускной вечер организуется администрацией школы.
Один раз в году у нас в школе проводится *День открытых дверей*.
Нынешними выпускниками главный школьный праздник воспринимается по-другому.
После концерта был устроен фейерверк.

Напишите сами несколько предложений по этому образцу к теме *Школьные традиции*, используя такие глаголы, как например *строить, продавать, праздновать, отмечать* и т. д.

9 Школа

а) Прочитайте отрывок из стихотворения Серге́я Михалко́ва.

То бы́ло мно́го лет наза́д.
Я то́же в пе́рвый раз
С толпо́ю све́рстников – ребя́т
Яви́лся в шко́льный класс.

Умча́лись шко́льные года́,
И не дого́нишь их.
Но я встреча́ю иногда́
Това́рищей свои́х.

И мы, встреча́ясь, вся́кий раз
О шко́ле говори́м …
– Ты по́мнишь, как учи́ли нас
И как не знал я, где Kавка́з,
А ты не знал, где Крым?

Мы ста́ли взро́слые тепе́рь,
Нам де́тства не верну́ть.
Нам шко́ла в жизнь откры́ла дверь
И указа́ла путь.

Но, провожа́я в шко́льный класс
Тепе́рь свои́х дете́й,
Мы вспомина́ем ка́ждый раз
О ю́ности свое́й.

б) Какой теме посвящено это стихотворение?

↗ L 10

1. Найдите в тексте выражения, которыми герой описывает свои школьные дни.
2. Объясните метафору «Нам школа в жизнь открыла дверь и указала путь».
3. Посмотрите на фотографию и скажите, к каким строчкам из стихотворения она подходит.
4. Попробуйте написать немецкий вариант этого стихотворения.

10 Представьте себе, что прошло уже 10 лет с тех пор, как вы окончили школу. И у вас скоро будет встреча с вашими бывшими одноклассниками.

Подготовьте к этому событию речь, в которой вы расскажите
– о вашей профессии и ваших успехах;
– о вашей личной ситуации (семья, дети, место жительства …).

2 Конец – делу венец.

1 Расскажите об одной из этих субкультур.

граффитеры

готы

спортивные фанаты

хакеры

панки

стрит-байкеры

рэперы

2 Скоро у вас выпускной. Ваши одноклассники решили, что вы должны выступить с речью перед выпускниками, родителями, учителями и гостями.

Подготовьте речь. Включите в вашу речь следующие пункты:
- приветствие,
- тема речи,
- краткое описание важных событий школьной жизни,
- благодарность учителям за совместные годы в школе,
- благодарность родителям,
- пожелания на будущее.

Представьте эту речь вашим одноклассникам.

3 Национальный праздник

Ваш русский e-mail-друг (ваша подруга) хочет знать, почему в Германии национальный праздник отмечается 3-го октября. Напишите e-mail, в котором вы объясняете ему (ей), что такое *Tag der Einheit*.

Im Jahre 1990 wurde dieser Tag zum Nationalfeiertag. Eigentlich sollte es der 9. November sein, weil da die Mauer fiel. Aber am 9. November war auch die Reichspogromnacht von 1938. Deshalb wählte man den 3. Oktober aus, den Tag, an dem die deutsche Einheit beschlossen werden sollte. Das ist der einzige gesetzliche Feiertag Deutschlands, der durch Bundesrecht festgelegt wurde. Alle anderen Feiertage sind Ländersache.

4 Подготовьте выставку на тему *Праздники в России и в Германии*. В центре этой выставки должны быть русские и немецкие праздники.

Молодёжь
взро́слый
взгляд на *что?* (мо́ду) *какой?* (совреме́нный)
вы́расти/расти́
единомы́шленник
измени́ть/изменя́ть (вне́шний вид)
индивидуа́льность
кури́ть *что?* (сигаре́ты)
мо́да
наси́лие
обсуди́ть/обсужда́ть *что?* (те́му) *кого?* (молодёжь)
одностроков́ник
отличи́ться/отлича́ться от *кого?* (взро́слых) в *чём?* (во взля́де на жизнь, оде́жде)
осуди́ть/осужда́ть *кого?* (хи́ппи)
по/влия́ть на *что?* (вы́бор)
по/страда́ть от *чего?* (непонима́ния) за *что?* (свой взгля́ды)
по/теря́ть *кого?* (друзе́й) *что?* (здоро́вье)
по/худе́ть *как?* (си́льно)
подро́сток
поколе́ние
при́знак *чего?* (индивидуа́льности)
причи́на *чего?* (спо́ра)
ра́венство
све́рстник
субкульту́ра
суди́ть *о чём?*
убеди́ть/убежда́ть *кого?* (роди́телей) в *чём?* (пра́вильности посту́пка)

Вне́шний вид
Причёска
во́лосы (взъеро́шенные, коро́ткие, све́тлые, тёмные, кра́шеные)
стри́жка (коро́ткая, асимметри́я)
Оде́жда
бейсбо́лка, ке́пка
джи́нсы (у́зкие, широ́кие, обре́занные)
ке́ды, конве́рсы, ва́нсы, кроссо́вки, боти́нки
колго́тки (с дырка́ми)
перча́тки
у́зкое ми́ни-пла́тье
футбо́лка
чёрно-бе́лая кле́тка, шахма́тка
шо́рты
Атрибу́ты
брасле́т, фе́нечка
значки́, наши́вки
караби́н с ключа́ми
макия́ж
пи́рсинг, татуиро́вка (тату́ *n.*)
реме́нь (с заклёпками), це́пи (на штана́х)

Чу́вства
боль *Gen.* бо́ли, страда́ние
вы́разить/выража́ть *что?* (чу́вства)
оди́н, одна́, одни́; одино́кий
по/чу́вствовать *что?* (любо́вь, ра́дость, страх)
удовлетворе́ние
чужо́й

Хара́ктер
благода́рность
вы́могать
насто́йчивость
пренебреже́ние
хи́трость

Тради́ции и пра́здники
выпускни́к, выпускни́ца
выпускно́й ве́чер
вы́ступить/выступа́ть с *чем?* (ре́чью)
госуда́рственный *ср.* госуда́рство
День Побе́ды
День учи́теля
Ма́сленица
напи́ток *Pl.* напи́тки
настрое́ние *какое?* (пра́здничное)
обще́ственный *ср.* о́бщество
отраже́ние *чего?* (вре́мени)
отме́тить/отмеча́ть *что?* (День Свято́го Валенти́на)
по/жела́ть *кому? чего?* (упе́хов)
Пра́здник Свято́го Христо́ва Воскресе́ния (Па́сха)
приве́тствие *кому?* (выпускника́м) *какое?* (пра́здничное)
речь *Gen.* ре́чи
семе́йный *ср.* семья́
смысл *чего?* (тради́ции)
собы́тие *какое?* (вели́кое)
(за)тра́та *чего?* (вре́мени)
церко́вный *ср.* це́рковь *Gen.* це́ркви

До чего дошёл прогресс...

Высшее призвание человека состоит в том, чтобы не только объяснить, но и изменить мир, — сделать его лучшим.

И. Мичу́рин

1 Интернет есть – проблем нет!

а) Составьте ассоциограмму на тему *Интернет*.

б) Посмотрите на картинки и скажите, какую роль в вашей жизни играет Интернет. Что делаете вы, а что делают ваши родители (друзья, знакомые) в Интернете?

М Я (часто, редко, всегда, каждый вечер, по выходным, никогда не) читаю новости.

в) Каким интернет-сайтам и службам принадлежат эти слоганы? Какие из них вас заинтересовали бы? Почему?

1. Найдём всё.
2. У нас всегда есть лишний билетик.
3. Пишите письма!
4. Английский язык из первых рук.
5. Создай свой форум.
6. Любовь с первого байта.

а) сайт для изучения иностранного языка
б) бесплатные форумы для общения
в) онлайн-магазин продажи билетов на спортивные и культурные мероприятия
г) сервис знакомств
д) поисковая система
е) электронная почта

2 Мир вокруг нас

а) Опишите фотографии. Придумайте к ним заголовки. Какие из них вызывают у вас положительные, а какие – отрицательные эмоции? Почему?

б) Опишите ваши любимые места на природе (принесите фотографии) и расскажите, чем они особенны.

3 Прочитайте пословицы о природе. Передайте их содержание на немецком языке.

Какая пословица вам больше всего нравится?

Мир существует для человека,
человек живёт для мира.
(арабская)

Не беречь поросли,
не видать и дерева.
(русская)

Легко стать учёным,
трудно быть человеком.
(туркменская)

- *Интернет:* искать информацию, делать покупки, общаться с друзьями, слушать музыку, писать блог, зарабатывать (тратить) деньги, смотреть фильмы, писать e-mail …
- *Природа и проблемы экологии:* выбрасывать старую технику, создавать свалки мусора, загрязнять воду (город, воздух, леса, парки), животные исчезают, красота природы, чистая вода, свежий воздух, яркие краски, тишина леса, шум моря …

3 A Техника и быт: быть или не быть?

1 Прочитайте текст.

Вирус

Проснулся я рано утром. Воскресенье. Делать нечего. Зайду, думаю, в Интернет. Включил компьютер. И тут началось. Я хотел к реферату по истории подготовиться, а скачать ничего не могу. Википедии и след просты́л[1]. Ни одна знакомая веб-страница не загружается. В *YouTube* показывают одну рекламу. Ну, всё, думаю, вирус! Решил Артёму мы́ло[2] написать. Это друг мой, хакер. Но вместо слов одни смайлики на экране. Дай, думаю, зайду в блог Артёма. Зашёл и не поверил своим глазам: у него ник «пупсик». Совсе́м от рук отби́лся[3]! Я позвонил ему. Он взял трубку и сонным голосом сказал: «Артёма нет дома. Он в летний лагерь уехал». «Куда?», – спрашиваю. «Да, да, да…», – эхом повторил Артём. Всё, думаю, вирус даже в мозг человека проникает. А ещё вчера с ним чатились. Захожу в свой блог, и там тоже странные вещи происходят. Блог мой китайскими буквами написан, и аватар новый: в центре ангел с крылышками, а вокруг розовые серде́чки[4]. Ужас! Страшно мне стало. Хотел в форуме почитать, как от этого вируса лечиться. Не тут-то бы́ло[5]. Тут на экране знакомые аватары из *SecondRussia* появились. Присмотрелся и понял: и тут вирус поработал. У всех аватаров лицо нашей директри́сы[6]. Она меня терпеть не может. Со́фья Степа́новна, лет ста пятидесяти, наверное. И говорят мне аватары её голосом «Вставай, Серёженька, опять в школу проспишь!» Вот это вирус! Открываю глаза. Передо мной мама. «Вставай!», – говорит. А у меня голова и горло болят, насморк. Посмотрела мама, потрогала мой лоб и сказала «Э, дружок, да у тебя вирус!»

1 auf und davon (über alle Berge) sein 2 *разг.* e-mail 3 aus dem Ruder geraten
4 *ср.* се́рдце 5 *ugs.* Hat sich was. 6 *разг., ср.* дире́ктор

2 Каких из этих событий НЕ было в рассказе? Выберите два правильных ответа.

1) Википедия исчезла.
2) В youtube показывали мультфильмы.
3) Блог Сергея написан китайскими буквами.
4) Артём помог Сергею избавиться от вируса.

3 Нарисуйте аватар рассказчика. Почему Сергею не понравился этот аватар?

4 Расставьте события рассказа в хронологическом порядке.

Сергей позвонил Артёму.
Сергей зашёл в блог Артёма.
Мама поняла, что Серёжа заболел.
Появились аватары из *SecondRussia* с лицом Софьи Степановны.

5 У кого был вирус?

у мамы | у компьютера | у Сергея

6 Вы – Сергей. Расскажите Артёму, что с вами случилось. Сделайте заметки с ключевыми словами. ↗ L 1

7 Виртуальный мир, виртуальный человек

а) Что такое аватар и ник? Какую функцию в Интернете они выполняют?
б) Посмотрите на эти аватары из Рунета и опишите их стиль.

юмористический | в детском стиле | из поп-культуры | аватар болельщика | агрессивный | романтический | в стиле фэнтези | ностальгический | политический

в) Какие аватары выбрали бы себе вы? Найдите идеи в Интернете или нарисуйте свои аватары.

Соберите в группе картинки и проанализируйте их. Угадайте, кому из группы они принадлежат.

8 Пользователи критикуют Интернет.

↗ L 9

а) Обсудите их мнения, выразите своё согласие (несогласие) с критическими замечаниями.
б) Какой из этих пунктов изображён на карикатуре? Дайте интерпретацию карикатуре.

- размещать неверную информацию
- нарушать авторские права
- иметь слишком большой выбор информации
- быть жертвой интернет-моббинга
- сильно увлекаться интернет-сообществами
- предпочитать общение в Сети общению вживую

9 Подберите логическое продолжение к началам заголовков газетных статей об Интернете. Какую из этих статей вы хотели бы прочитать? Почему?

1. Чем больше компьютерных игр,
2. Жена ушла из семьи
3. 37% подростков проводят ежедневно
4. Интернет-зависимость и игромания –

а) к виртуальному любовнику.
б) тем меньше друзей в реальной жизни.
в) симптомы нашего времени.
г) больше трёх часов в Интернете.

10 Тобиас приехал в гости к Егору. Бабушка Егора удивляется, сколько Тобиас сидит в Интернете. Разыграйте диалог.

↗ L 7

Бабушка: Егорка, почему твой друг всё время сидит перед компьютером?
Егор: Tobias, meine Oma wundert sich, wieso du so lange vorm Computer sitzt.
Тобиас: Du kannst ihr sagen, dass ich eine E-Mail an meine Freundin Jasmin schreiben möchte.
Егор: ???
Тобиас: Dann wollte ich in einer Internet-Auktion ein Buch kaufen.
Егор: ???
Тобиас: Ich muss die Karte von deiner Stadt herunterladen, damit ich morgen ohne dich ins Kino kann.
Егор: ???
Тобиас: Schließlich wollte ich die Fotos, die ich gestern mit dir gemacht habe, in meinen Blog hochladen.
Егор: ???

11 Отключили в доме ток …

а) Прослушайте и прочитайте стихотворение и подберите к нему своё заглавие.

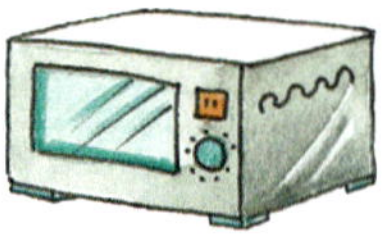

Отключили в доме ток. Я в растерянности весь.
Не войти в любимый блог. Это чья-то злая месть!

Те́лик[1] тоже не включить. Макароны не сварить.
И носки не постирать. Остаётся только спать.

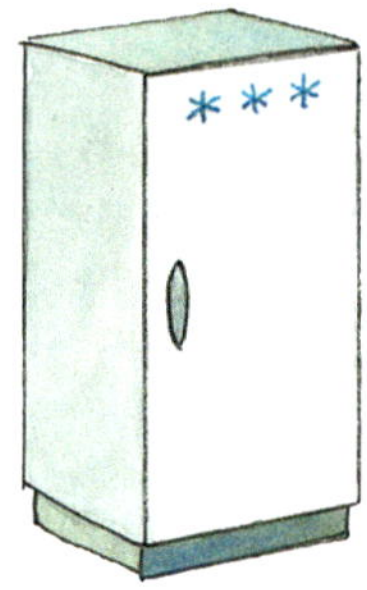

В тостере сухарь застрял. Холодильник тёплым стал.
В Wii теперь не поиграть. Чем же мне себя занять?

Я мобилку в руки взял. Но и здесь большой провал:
Я её не заряди́л[2]. День свой просто погубил.

Не идти же мне гулять! Ну, не книги же читать!
Подключи́те[3], люди, ток! У меня глубокий шок…

1 *разг.* телеви́зор
2 aufladen
3 *hier*: Strom wieder einschalten

б) Какие приборы на рисунке были названы в стихотворении? Какие не были названы?

в) Ответьте на вопросы.

1. О чём это стихотворение? В чём проблема *лирического Я*?
2. А как поступили бы вы в такой ситуации?

12 Осторожно! Окрашено!

а) Найдите в предложениях разговорные варианты этих слов.

компьютер, микроволновая печь, мобильный телефон, СМС, стиральная машина, телевизор

1. Сегодня по *телику* такой страшный фильм показывали.
2. Поставь суп в *микроволновку*, я проголодалась.
3. Вся одежда в *стиралке*.
4. Мой брат часами сидит перед *компом*!
5. Я послал маме *СМСку*.
6. Дай мне *мобилу*, другу позвонить надо!

б) Найдите разговорные варианты слов не *любить кого-нибудь*, *e-mail* и *директор* в тексте *Вирус* (упр. 1).

13 Какие приборы важнее и нужнее всего? Семья Саратовых из России ответила на этот вопрос.

а) Прослушайте текст и запишите, какие электроприборы и изобретения они назвали.
б) А как у вас? Расскажите партнёру и сравните ситуации в ваших семьях.

14 Для чего нам это?

а) Напишите на маленьких карточках названия электроприборов и технических изобретений. Возьмите по очереди каждый по карточке и объясните, для чего нужен тот или иной прибор.

М Благодаря Интернету мы можем общаться с людьми из разных стран.

1. *что?* помогает *кому? что делать?*
2. *чем?* можно *что делать?*
3. с помощью *чего?* можно *что делать?*
4. благодаря *чему?* можно *что делать?*

Слова в помощь:
- сохранять свежесть продуктов
- гладить бельё, стирать бельё
- сушить волосы
- размораживать продукты
- готовить и разогревать еду
- мыть посуду (полы)
- варить кофе
- звонить другу
- отправлять СМС
- писать e-mail
- смотреть фильмы
- печатать документы
- играть в компьютерные игры
- поджаривать хлеб
- совершать перелёты
- путешествовать и т. д.

б) Придумайте рекламу оригинального изобретения (напр., самокат-холодильник).

15 А можете ли вы представить себе жизнь без техники?

Остров Ольхо́н, озеро Байка́л

Представьте себе, что на каникулах вы едете на остров Ольхон на озере Байкал. Там не всегда есть электричество: генератор работает два-три часа в сутки. Какими тремя электроприборами вы пользовались бы в это время? Почему?
Сравните свои списки. Какие приборы были чаще всего названы в классе? Составьте рейтинг наиболее часто называемых приборов.

16 Напишите своё продолжение рассказа *Вирус* (упр. 1).

17 Напишите короткую статью в газету под одним из заголовков из упр. 9. ↗ L 6

18 День Интернета в России

Найдите информацию о празднике: когда, с каких пор и как его отмечают. Что вы думаете об этом празднике?

19 Русскоязычные поисковые системы

Найдите веб-странички, на которых можно читать новости, вести блог, узнать прогноз погоды, заказать путешествие, смотреть фильмы, слушать музыку, скачать реферат, читать художественную литературу, переводить слова, купить книги и т. д.
Составьте список наиболее интересных страниц для учеников вашей школы, изучающих русский язык.

Если не Вы, не будет Невы!

1 Проблемы экологии

а) Прочитайте сообщения из интернет-форума и определите, к каким подтемам из раздела *Защита окружающей среды* они относятся. На какие темы нет ни одного сообщения?

- глобальное потепление, парниковый эффект
- мусор
- источники энергии
- запасы природных ресурсов
- редкие и исчезающие виды животных (растений)
- заповедники
- генетически модифицированные продукты

Верная **09.12.** *11:24* 	Нужно, чтобы дети в школе знакомились с *Красной книгой* и уже с детства знали, сколько зверей, птиц и растений в опасности. Многие из них скоро исчезнут с лица земли…
Сибиряк **09.12.** *12:02*	Учёные подсчитали, что запасов нефти на планете надолго не хватит. А растущая промышленность требует всё больше и больше энергии. Мы должны сделать всё, чтобы сохранить природные ископаемые для наших потомков. Люди, экономьте электроэнергию!
Мамочка88 **10.12.** *20:54* 	У нас, в Бурятии, много заповедников. Недавно в Интернете прочитала и не поверила: «Заповедники плохо повлияли на экономику страны. На дичь нельзя охотиться, рыбу нельзя ловить, деревья нельзя спиливать. Без заповедников богатство будет на несколько миллиардов больше». Разве так можно думать???!!!
Чебурашка **10.12.** *20:56* 	Я – москвич. До сих пор у нас никто не сортирует мусор, всё сбрасывают в один контейнер, а потом сжигают. О переработке мусора остаётся только мечтать…
Lopezforever **10.12.** *21:57* 	Я учусь на факультете экологии. Хочу в будущем заниматься альтернативными источниками энергии. Солнце и ветер помогут нам спасти планету. Но сегодня в России без атомной энергии – просто никак.

б) Какие картинки и фотографии на стр. 42–43 подходят к темам сообщений?

2 Правильно или неправильно? Исправьте неправильные высказывания.

1. В *Красную книгу* внесены редкие и исчезающие виды животных и растений России.
2. Запасы природных ископаемых Земли никогда не закончатся.
3. Вторичная переработка мусора ещё не распространена в России.
4. В заповедниках можно охотиться на животных.
5. Россия не может пока обойтись без атомной энергии.

3 Автор какого сообщения мог дать ссылку на форуме к этой фотографии?

Как вы думаете, кто эти люди и за что они борются?

4 Найдите синонимы и перифразы.

М Заповедник – это (другими словами, означает) территория, где сохраняется природный комплекс.

1. охрана природы
2. альтернативные источники энергии
3. полезные ископаемые
4. животный мир
5. растительный мир

А. природные ресурсы
Б. защита окружающей среды
В. флора
Г. энергия солнца, ветра, воды
Д. фауна

5 Напишите своё сообщение на форуме (упр. 1) о проблемах экологии.

- (Не)удивительно, что…
- Возмутительно, что…
- Правильно, что…
- Жаль, что…
- Ясно, что…
- Страшно, что…
- Странно, что…
- (Не)понятно, почему…

6 К вам приехал друг из России. Он увидел плакат, который вы сделали в школе. Объясните ему главный смысл тезисов о проблемах экологии на плакате и смысл рисунка.

1. Viele Tier- und Pflanzenarten sind vom Aussterben bedroht.
2. Die Bodenschätze sind bald ausgeschöpft.
3. Es sollen mehr alternative Energiequellen genutzt werden.
4. Das Trennen von Müll ist wichtig für die Umwelt!
5. Umweltschutz beginnt zu Hause: Spart Energie!

7 в, для, на, с

а) Выберите правильный предлог. Поставьте существительные в нужном падеже (ср. упр. 1).

1. Дети должны знакомиться (Красная книга).
2. Я люблю этот город (детство).
3. Флора и фауна (опасность).
4. Мы сохраним планету (наши дети).
5. Химические отходы влияют (экология).
6. Я учусь (факультет) экологии.

б) Сделайте грамматическую шпаргалку. В каком падеже стоят существительные после предлогов? Составьте таблицу с шестью падежами и впишите в неё свои предложения с предлогами *с*, *в*, *к*, *на*, *над*, *для*, *от*, *при*, *за*, *до*. Обратите внимание на окончания существительных.

М *Винительный падеж* (*кого? что?*) Многие люди сбрасывают мусор **в** один **контейнер**.

8 Послушайте сообщение об акции *Марш парков*. Дополните предложения.

1. С 1998 года россияне ???
2. В 2008 году в московском парке Кузьминки ???
3. В парке собрали ???
4. На примере собранного мусора экологи рассказали ???
5. *Марш парков* ежегодно проходит в ???

9 Если не Вы, не будет Невы!

а) Прочитайте письмо, которое Гринпис отправил со своей официальной интернет-странички губернатору Санкт-Петербурга.

Уважаемый губернатор города!

Мы опасаемся купаться в Неве и Финском заливе. Мы не рискуем пить воду из-под крана, потому что знаем, что в Неву сливают свои отходы сотни предприятий. И никто их за это не наказывает. Никто это не контролирует. Мы не хотим, чтобы наши дети и внуки видели такую же грязную реку. Мы не хотим, чтобы авария какого-нибудь танкера на Неве лишила город чистой питьевой воды. Просим Вас принять меры по улучшению состояния нашей реки.

С уважением, представители организации Гринпис

б) Ваши друзья едут в Санкт-Петербург. Расскажите им на немецком языке, почему авторы письма боятся купаться в Неве и пить воду из-под крана.

10 Найдите соответствия предложений на русском языке в письме (упр. 9) и в форум-сообщениях (упр. 1–2).

1. Niemand bestraft die Unternehmen.
2. Niemand kontrolliert die Situation der Newa.
3. Viele Tierarten sind vom Aussterben bedroht.
4. Bis jetzt trennt man den Müll bei uns nicht.

11 Определите, к каким картинкам подходят эти заголовки. Какой из них не подходит ни к одной?

а) Начинать никогда не поздно! б) Никому ничего никогда не говори! в) Никогда не сдавайся!

12 Ответьте на вопросы. Используйте двойное отрицание.

М Ты читал статьи российского Гринписа? (ни одной) – Нет, я *не читал ни одной* их статьи.

1. Ты знаешь причины парникового эффекта? *(ни одной)*
2. Ты покупаешь журнал ГЕО? *(никогда)*
3. Руководители петербургских предприятий отреагировали на письмо Гринписа? *(ни один)*
4. Ты видел в магазине мусорные био-пакеты? *(никогда)*
5. Жильцы этого дома сортируют мусор, перед тем как его выбросить? *(никто в этом доме)*

13 От глагола – к существительному

а) Найдите в тексте письма (упр. 9) глаголы, от которых образованы эти имена существительные.

М *купание* ← *купаться*

опасение | наказание | лишение | слив | риск | контроль

б) Скажите иначе. Используйте имена существительные из упр. а).

М Никто не *контролирует* ситуацию. Ситуация остаётся без *контроля*.

1. Я не *рискую* пить воду из-под крана.	Пить воду из-под крана – это ???
2. И никто их за это не *наказывает*.	Они остаются без ???
3. Я *опасаюсь* купаться в Неве.	Купание в Неве вызывает у меня ???
4. Сотни предприятий *сливают* в Неву отходы.	Происходит ??? отходов в Неву.

14 *Мир*

В этом разделе вы познакомились со словосочетаниями *животный* и *растительный мир*. А в каких ещё значениях и контекстах употребляется слово *мир*?

а) Найдите в русско-немецком словаре все переводы слова *мир*.
б) Найдите в русском толковом словаре значения слова и примеры его употребления.
в) Найдите синонимы и антонимы слова *мир* в словарях синонимов и антонимов.
г) Найдите фразеологизмы со словом *мир* и их немецкие эквиваленты.

15 Лучшие граффити на школьной стене

Представьте себе, что на старом здании вашей школы ученикам разрешили нарисовать граффити. Тема конкурса: *Наша планета*. Какие фразы, цитаты или слова вы написали бы? А что бы вы нарисовали? Объясните ваш выбор.

16 Экологические проекты в вашем городе

↗ L 14

Ваша российская школа-партнёр интересуется, какие экологические проекты существуют в вашем городе или в вашей земле. Какие местные организации занимаются вопросами защиты окружающей среды? Найдите информацию и напишите в группе письмо-ответ на русском языке.

17 Проинтерпретируйте одну из карикатур.

↗ L 9

Горячая точка – Арктика.

1 2500 год

Посмотрите и прочитайте комикс.
Где находятся папа и сын, и о чём идёт речь?

2 Опишите картинки и придумайте текст там, где стоит **?**.

3 Найдите в тексте места, где говорится о (об) …

- возможных изменениях в жизни населения этого региона,
- опасности для животного мира Арктики,
- причинах глобального потепления,
- парниковом эффекте.

4 Выделите причины и возможные последствия потепления в Арктике. Заполните таблицу в своей тетради.

Причины таяния арктического льда	(Возможные) последствия таяния арктического льда
???	???

5 Причины и следствия. Подберите подходящие союзы и предлоги.

потому что **из-за** **так как** **поэтому**

1. Парниковый эффект возникает ??? роста промышленности.
2. Парниковый эффект возникает, ??? люди используют слишком много электроэнергии.
3. ??? лёд Арктики тает, белый медведь в опасности.
4. За права на Арктику может начаться политическая борьба ??? её природных ресурсов.
5. Мальчик фотографирует Бобика, ??? боится, что собаки могут исчезнуть.
6. Папа думает, что сначала может исчезнуть человек, ??? пусть Бобик сфотографирует их.

6 Как это было сказано в комиксе *2500 год*?

а) Найдите глаголы в тексте *2500 год*, от которых образованы эти существительные.

M таяние (льда) ← (лёд) растаял

сжигание (угля), строительство (новых заводов), вымирание (животных), эмиграция (народов)

б) Напишите слова из упр. а) в тетради и выделите суффиксы. Сравните образование существительных от глаголов в немецком языке.

M сжигать – сжига**ни**е verbrennen – Verbrennung

7 Переведите эти слова на немецкий язык. Какую разницу в словообразовании вы заметили?

M рост промышленности → Industriewachstum

повышение температуры, загрязнение окружающей среды, изменение климата, таяние льда, микроволновая печь, стиральная машина, сотовый телефон

8 Напишите акростих на тему *Наша Земля*.

M

Плачет наша Земля.
Люди её не жалеют!
Ах, что будет дальше?
Надо её спасти!
Есть ещё маленький шанс.
Так много путей и решений.
А что можешь сделать ты?

Слова на выбор:

- планета
- Земля
- энергия
- ветер
- Арктика
- Красная книга
- мусор
- Байкал
- воздух
- вода
- лес
- солнце

9 Составьте кроссворд из новых слов, которые вы выучили по теме *Экология*.

Выберите не больше 10 слов. Можно сделать кроссворд на основе перевода с немецкого языка или воспользоваться объяснениями слов на русском языке.
Сделайте 2 копии и дайте свои кроссворды членам рабочей группы. Обсудите, какие сложности у вас возникли при решении кроссворда. Какие слова можно объяснить точнее (лучше, короче)?

10 Придумайте короткий текст к карикатуре.

11 А как вы представляете себе 2500 год? Как будет выглядеть наша земля?

12 Мультфильм Андре́я Хржано́вского *Ба́бочка*

3 А
3 Б
3 В

а) Посмотрите на кадр из мультфильма *Бабочка*. Как вы думаете, о чём он?

Слова для работы с фильмом
- высотный дом – Hochhaus
- банка – Glas
- кошмар – Alptraum
- выпустить на свободу – freilassen
- сачок – Schmetterlingsnetz
- поймать – fangen
- пленник – Gefangener

б) Посмотрите фильм. Ответьте на вопросы.

1. Каким показан в мультфильме город? Опишите его образ.
2. Как показана комната мальчика? С чем он играет?
3. Как мальчик отреагировал на бабочку?
4. Что приснилось мальчику?
5. Как расстались мальчик и бабочка?

13 Что за чем?

а) Восстановите хронологический порядок этих кадров. Озаглавьте их.

А

Б

В

Г

б) Что символизируют в мультфильме мальчик и бабочка?
Какие ещё символы вы увидели в фильме? Что они выражают?

в) Обсудите с партнёром, почему мальчик отпустил бабочек на свободу.

14 Проект *Озвучивание немого фильма*

↗ L 6, 7

Разделитесь на группы. Напишите внутренний монолог героя для одного из этих эпизодов. Озвучьте выбранный вами эпизод.

– Мальчик о своей жизни в городе
– Мальчик о своём кошмаре
– Бабочка о том, как мальчик отпустил её на свободу

Конец – делу венец.

1 Прочитайте высказывание писателя Макси́ма Го́рького (1868–1936 гг.) и выразите ваше согласие или несогласие с ним.
Что бы вы, жители XXI века, сказали Горькому в ответ на его слова, если бы вы попали в прошлое? Разыграйте диалог с писателем.

↗ L 7

«Человек – чудотворе́ц[1] и в будущем влады́ка[2] всех сил природы».

1 Wundertäter 2 Herrscher

2 Путешествие на машине времени

Как будут выглядеть дома, люди, одежда, транспорт, техника, города и т. д. в будущем?
Нарисуйте и представьте ваши фантазии.

3 Разыграйте ток-шоу на тему *Интернет – возможности и опасности*.
Выскажите своё мнение согласно вашей ролевой карточке.

↗ L 7, 15

Ведущий. Ты ведёшь ток-шоу, твоё мнение нейтрально. Задавай вопросы о возможностях и опасностях Интернета гостям ток-шоу. Следи за ходом дискуссии, не позволяй оскорблений и грубостей.

Мама двоих старшеклассников. Ты волнуешься за своих детей. Они часами сидят перед экраном компьютера и не выходят на улицу. Они не занимаются спортом, не помогают тебе по дому, не читают книги. Ты ищешь совета и помощи.

Жертва интернет-моббинга. Ты был членом одного интернет-сообщества. Но ты стал жертвой оскорблений. В Сети у тебя больше нет друзей. Ты хочешь предупредить подростков об этой опасности.

Активный участник виртуального сообщества. Ты каждый день посещаешь страницу сообщества. У тебя привлекательный аватар, в Сети у тебя есть огромный дом, свой бизнес, много друзей и подруг. Они тебе нравятся больше, чем реальные люди. Ты не можешь прожить и дня без виртуальности.

Хозяин интернет-магазина. У тебя свой магазин в Интернете. Ты зарабатываешь деньги, не выходя из дома. Интернет дал тебе и другим возможность иметь хорошую работу. Это новые возможности для деловых людей. Ты хочешь убедить публику в том, что покупки в Интернете дешёвые и безопасные.

Студент. Интернет важен для тебя как источник информации и средство общения. Ты сам находишь много интересного в Сети, но часто и неверную информацию, даже ошибки. Ты считаешь, что надо критически относиться к тому, что люди размещают в Сети. Со своей подружкой ты тоже познакомился в Рунете. Вы очень подходите друг другу и счастливы вместе.

Фразы для дискуссии
- по-моему …; я считаю, что …; я уверен(а) в том, что …; насколько я знаю …;
- я хотел(а) бы привести пример …; нельзя не отметить тот факт, что …; важен тот факт, что …; давно известно, что …;
- разрешите вопрос …; разрешите вас направить …; извините, что перебиваю вас, но …;
- я (не) согласен (согласна) …; я возмущён (возмущена) …; это (не)правда, что …;
- давайте дадим слово …; давайте сойдёмся на том, что …; не будем ссориться

Те́хника и быт

Цифрова́я и о́фисная те́хника

заряди́ть *что?* (аккумуля́тор)
игрова́я приста́вка (игра́ть на приста́вке)
компью́тер, но́утбук
MP3-пле́ер
при́нтер (печа́тать на при́нтере)
со́товый телефо́н; *разг.* моби́ла, моби́лка
телефа́кс, факс (отпра́вить по фа́ксу)

Бытова́я те́хника

кофева́рка
микроволно́вая печь
пылесо́с
посудомо́ечная маши́на
стира́льная маши́на
то́стер
утю́г
фен
холоди́льник

Интерне́т

блог, фо́рум, чат, e-mail
веб-страни́ца
виртуа́льность, виртуа́льный (авата́р, ник)
входи́ть в Интерне́т (Сеть)
выходи́ть из Интерне́та (Сети́)
интерне́т-зави́симость, игрома́ния
интерне́т-мо́ббинг
интерне́т-соо́бщество
интерне́т-порта́л
наруше́ние а́вторских прав (наруша́ть а́вторские права́)
обменя́ться/обме́ниваться *чем?* (сообще́ниями)
по́льзователь *чего?* (Интерне́та)
размеще́ние материа́лов (размеща́ть материа́лы)
сиде́ть в Интерне́те
хище́ние *чего?* (те́кстов), красть *что?* (материа́лы)
ча́титься с *кем?* (с дру́гом), сиде́ть в ча́те

Компью́тер

загрузи́ть/загружа́ть *что?* (файл) *куда?* (на веб-страни́цу)
мультимеди́йный файл, мультимедиафа́йл
обрабо́тать/обраба́тывать *что?* (аудиоматериа́лы)
печа́тать, сохраня́ть *что?* (докуме́нты)
распеча́тать/распеча́тывать *что?* (материа́лы) *на чём?* (на при́нтере)
скача́ть/ска́чивать *что?* (текст)
экра́н *чего?* (монито́ра)

Эколо́гия

Эне́ргия

а́томная эне́ргия, электроста́нция
альтернати́вный исто́чник эне́ргии (со́лнце, ве́тер, океа́н)
гидроэлектроста́нция
сжига́ть у́голь, нефть
углеки́слый газ (CO_2)
эконо́мить электроэне́ргию
электри́ческий ток

Живо́тный и расти́тельный мир

запове́дник
Кра́сная кни́га
находи́ться на гра́ни исчезнове́ния, быть в опа́сности
ре́дкие и исчеза́ющие ви́ды
среда́ обита́ния *кого?* (бе́лых медве́дей)
угро́за вымира́ния
фа́уна (живо́тный мир), фло́ра (расти́тельный мир)

Приро́да, окружа́ющая среда́

быть подве́рженным *чему?* (загрязне́нию)
вы́рубить/выруба́ть лес, вы́рубленный лес
генети́чески модифици́рованные проду́кты
глоба́льное потепле́ние
добы́ча *чего?* (поле́зных ископа́емых)
запа́с *чего?* (не́фти, га́за, угля́)
ледяно́й покро́в (та́ет)
парнико́вый газ, эффе́кт
приня́ть/принима́ть ме́ры *по чему?* (по защи́те рек)
приро́дные, ископа́емые ресу́рсы
предприя́тие
промы́шленность
рискова́ть *чем?* (эколо́гией)
слить/слива́ть *что?* (отхо́ды), слив *чего?* (отхо́дов)
сохрани́ть *что?* (приро́ду) для *кого?* (для пото́мков)
спили́ть *что?* (де́рево), спи́ленное де́рево
уничто́жить/уничтожа́ть *что?* (среду́ обита́ния)

Му́сор

втори́чная перерабо́тка *чего?* (му́сора)
му́сорный конте́йнер
отхо́ды
пла́стиковый, полиэтиле́новый паке́т
разде́льный сбор, сортиро́вка *чего?* (му́сора)
сва́лка *чего?* (му́сора)
упако́вка *чего?* (со́ка, молока́)

С чего начинается Россия?

Никто, как русские,
так не спасал других.
Никто, как русские,
так сам себя не губит.

Е. Евтуше́нко

1 Типично ли это?

а) Посмотрите на картинки и скажите, люди каких из ниже названных национальностей на них изображены. Объясните свой выбор.

русский – русская немец – немка итальянец – итальянка японец – японка
американец – американка француз – француженка англичанин – англичанка

б) Какими словами вы описали бы этих людей? Что типично для них?

в) Как бы вы изобразили разные национальности? Обсудите в классе.

2 Русский язык – мировой язык?

Русский язык имеет официальный статус в следующих странах: Россия, Белоруссия и Казахстан. Скажите, каким государствам принадлежат эти флаги.

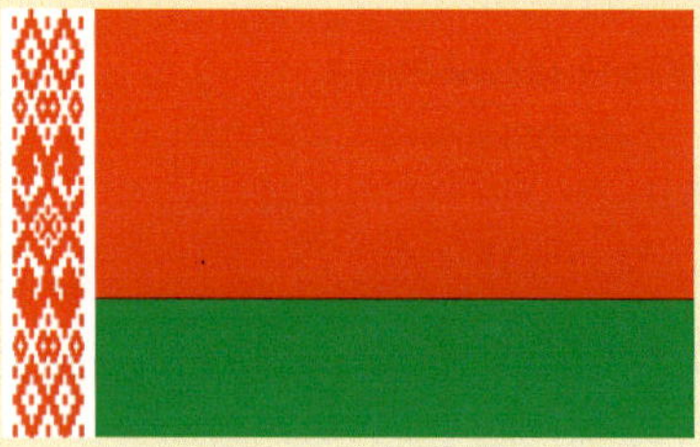

3 Мечта и реальность

а) Эти диаграммы показывают результаты опроса россиян 2009-го года. Объясните, что вы видите. Назовите возможные причины, почему в этом опросе мечта отличается от реальности.

Где бы вы хотели провести отпуск?

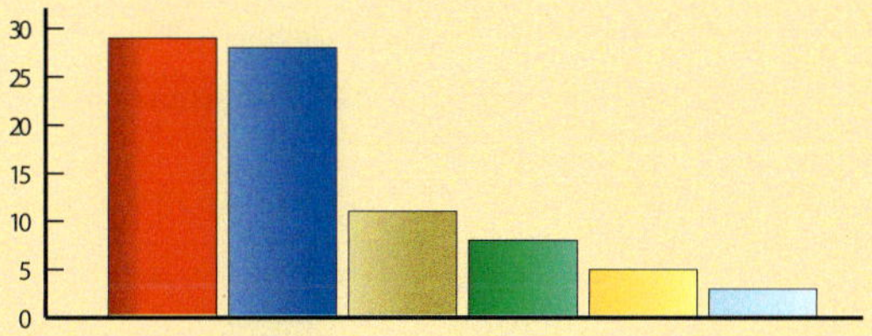

- 29 % – за границей
- 28 % – на Черноморском побережье России
- 11 % – в Крыму
- 8 % – в регионах России
- 5 % – в странах СНГ (Украина, Белоруссия и т. д.)
- 3 % – в Прибалтике

Реальность выглядит по-другому:

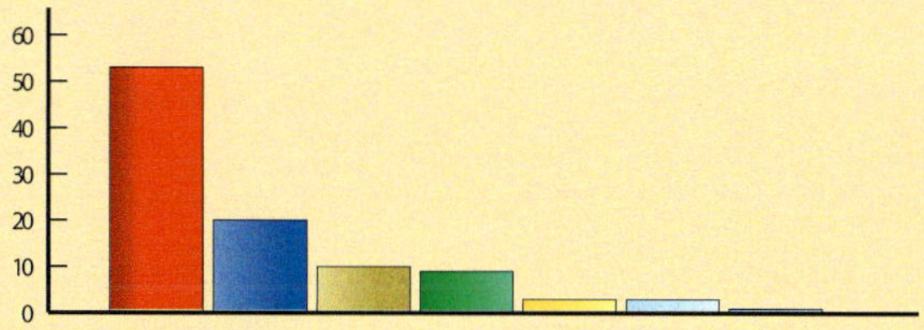

- 53 % – дома
- 20 % – на даче
- 10 % – на Чёрном море
- 9 % – в других российских регионах
- 3 % – за границей
- 3 % – в странах СНГ
- 1 % – в Крыму

Еги́пет

дача в России

Кипр

б) Найдите в Интернете актуальный опрос к этой теме, а потом подобный опрос для Германии.

в) Как и где вы, ваши друзья или родственники любят проводить отпуск? Расскажите об этом в классе.

- внешность
- выглядеть *как?*
- характер
- клише
- стереотип
- особенность *какая? кого/чего?*
- отличаться от *кого? чем?*
- сравнить/сравнивать *кого/что? с кем/чем?*
- народ
- провести/проводить отпуск (каникулы) *где?*
- поехать (ездить) *куда?*
- отдохнуть/отдыхать *где?* (за городом, за рубежом, на даче)

Россия – мозаика культур.

1 Мультикультурализм в России

а) Прочитайте высказывания из интернет-форума.

Многообразная культура обогащает всех нас. Важные условия для этого – диалог разных культур и равноправие народов. Банально? Не «академично»? Но, пожалуй, верно!

Александр, Германия

Мультикультурность – это утопия. Отличающиеся друг от друга народы и расы должны жить раздельно. Бог создал нас разными – на это была причина и теперь искусственно перемешивать всё не надо. При этом культурные конфликты и хаос – неизбежны.

Читатель, Канада

Все конфликты, возникающие на почве различия культур, происходят из-за непонимания одной культуры другою. Мультикультурность в долгосрочной перспективе означает их смешивание и постепенное исчезновение этого непонимания. Мультикультурность, единое экономическое и политическое пространство без границ – не утопия, но единственное средство против войны и терроризма.

CC, Russie

НЕ многокультурность проблема. Мне очень легко и просто общаться с людьми из разных стран и культур, если они справедливые и вежливые. Не культура проблема, а идеология и фанатизм.

Скептик, Израиль

Я живу в Риге уже 10 лет, и у меня и моей семьи нет проблем. Здесь толерантное общество. У нас все европейцы. Конечно, существуют и политические партии с лозунгами *Русские вперёд* и *Латыш, не сдавайся*, но это всё глупо.

Дмитрий, Рига (Европа)

б) Перепишите таблицу в тетрадь и запишите аргументы из интернет-форума за и против мультикультурного общества. Дополните таблицу своими аргументами.

за	**против**
Многообразная культура обогащает всех. ???	*Народы и расы должны жить раздельно.* ???

в) Какие аргументы из интернет-форума вы считаете убедительными? Почему?

2 Интернациональные явления – интернациональные слова

E | D

Приведите к русским словам немецкие и английские эквиваленты.

интеграция, адаптация, ксенофобия, утопия, гармония, антипатия, идеология, партия, конфликт, диалог, проблема, терроризм, антисемитизм, шаблон, стереотип европейский, негативный, позитивный, эффективный, агрессивный, политический

Русский язык	Немецкий язык	Английский язык
толерантность	Toleranz	???
фанатизм (фанатичность)	???	fanaticism
???	???	???

3 Какие народы живут в России?

↗ L 13

В России проживает более 100 народностей со своими уникальными культурными традициями, бытом, национальной кухней и т. д. В таблице указаны 10 самых многочисленных народов по данным всероссийской переписи.

№	Народность	Численность чел.	%
1	Русские	115 889 107	79,83
2	Татары	5 554 601	3,83
3	Украинцы	2 942 974	2,03
4	Башкиры	1 673 389	1,15
5	Чуваши	1 637 094	1,12
6	Чеченцы	1 360 253	0,93
7	Армяне	1 130 491	0,78
8	Мордва	843 350	0,58
9	Аварцы	814 473	0,56
10	Белорусы	807 970	0,55

а) Расскажите, что вы узнали из этой статистики.

б) Какие народы живут в Германии? Найдите об этом информацию и составьте таблицу. Представьте её в классе.

4 Откуда эти люди?

М украинец – украинка – это жители Украины

-ец, -к(а)	рязан**ец** – рязан**к**а, абхаз**ец** – абхаз**к**а, эстон**ец** – эстон**к**а, мордов**ец** – мордов**к**а, петербур<u>ж</u>**ец** – петербур<u>ж</u>(ен)**к**а, норве<u>ж</u>**ец** – норве<u>ж</u>**к**а
-анец/-янец, -анк(а)**/-янк**(а) **-(ч)анин/-янин,** **-(ч)анк**(а)**/-янк**(а)	амери**канец** – амери**канк**а, италь**янец** – италь**янк**а, англи**чанин** – англи**чанк**а, мин**чанин** – мин**чанка**, север**янин – **север**янка**
-ич, -ичк(а)	моск**вич** – моск**вичк**а, ом**ич** – ом**ичк**а

5 Поставьте числа в правильную грамматическую форму.

1) В опросе приняли участие от (200) до (300) человек.
2) Для (80) процентов опрошенных вопросы были интересны.
3) Около (1) процента населения России не смогли ответить на вопрос о своей национальности.
4) На территории России проживает (1 673 389) башкирцев.

6 Разнообразие республик

В состав России входит 21 республика. У каждой из республик есть свой герб, флаг и т. д.

а) Посмотрите на информацию о Мордовии и скажите, что вы о ней узнали.

М Столица Мордо́вии – город Сара́нск. В республике проживает около 1 000 000 человек. Большинство из них, то есть около 61 % – русские. 32 % населения составляют …

Столица: Саранск
Население: около 1 000 000 чел.
Русские ~ 61 %
Мордва ~ 32 %
Татары ~ 5 %

Существуют собственный флаг, герб и гимн.
Государственный язык: русский, мордовские языки (мокшанский, эрзянский)

б) Каждая группа выбирает одну из республик Российской Федерации. Сделайте сначала заметки по образцу а). Потом каждая группа представляет «свою» республику. После презентаций подготовьте совместную стенгазету на тему *Многообразие народов России*.

↗ L 1

7 Кто вы по национальности?

↗ L 13

Перепись населения подтвердила, что Российская Федерация является одним из самых многонациональных государств мира.

а) Посмотрите на график и скажите, сколько человек не указало своей национальности.
Как вы думаете, почему? Сделайте ваши предположения.

б) Прослушайте ответы молодых людей, которые ответили на вопрос об их национальности.
Какие из ваших предположений правильны, а какие нет?

в) Какие из следующих ответов были названы?

1) Я кореец, но давно живу в России и другой культуры, кроме русской, не знаю.
2) Все русские, которые живут в Казахстане, называют себя казахами.
3) Казахи, которые родились и выросли в России, не могут назвать себя русскими.
4) Я не знаю, какой я национальности, потому что моя мама – немка, а отец – узбек.

8 Есть ли похожие проблемы (упр. 7) в Германии? Расскажите о них.

9 Как вы считаете, важно ли в наше время знать, кто вы по национальности? Обоснуйте ваш ответ.

↗ L 15

10 Прочитайте анекдот и объясните своими словами, почему человек называет себя «квадратным русским».

– Я – «квадратный русский»!
– Это как ???
– Вот, говорят, есть «русские евреи»,
«русские татары»,
«русские башкиры», «русские немцы».
А я – «русский русский»,
то есть – «русский в квадрате»…

11 Прочитайте стихотворение Р. Рождéственского и определите его тему.

Для человéка национáльность –
и не заслýга, и не винá.
Éсли в странé утверждáют инáче,
знáчит, несчáстна э́та странá.

а) Как вы понимаете последнюю строчку стихотворения?
Какую страну поэт называет «несчастной»?

↗ L 10

б) Придумайте своё стихотворение, которое заканчивалось бы словами «счастливая страна».

12 Что в русской кухне русского?

а) Прочитайте текст о русской кухне.

Щи да каша – пища наша!

Россия – многонациональное государство, где каждый народ, имея свои «фирменные» блюда, заимствовал рецепты и кулинарные хитрости у соседей, передавая им свои секреты. Русская кухня всегда была открыта иноземным заимствованиям, что ничуть не портило её, а скорее украшало. У ски́фов[1] и греков русские научились готовить дрожжевое тесто; через Византи́ю узнали о рисе, гречневой крупе и многочисленных пряностях; из Китая к нам пришёл чай; с Урала – пельмени; Болгария поделилась с нами сладким перцем, баклажанами и кабачками; западные славяне внесли свой вклад в русскую кухню в виде голубцов и вареников. Знаменитый борщ, например, на самом деле является национальным украинским блюдом. Влияние кухонь Средней Азии и Кавказа принесло такие разные блюда как манты, плов и шашлык. В XVI-XVIII веках русская кухня впитывала в себя всё лучшее, что существовало в кухнях европейских стран: салаты и зелёные овощи, копчёности, шоколад, мороженое, вина и ликёры, сахар и кофе.

1 Skythen

б) Исправьте предложения.

1) В русской кухне есть только русские блюда.
2) Блюда из других стран испортили русскую кухню.
3) Борщ есть только у русских.
4) Шоколад пришёл в Россию из Азии.
5) Вареники – это немецкое блюдо.
6) В Россию мороженое пришло из Болгарии.

в) Посмотрите на картинки и скажите, какие блюда на ней изображены. Из каких стран эти блюда пришли в русскую кухню. Какие из них вы уже пробовали, а какие хотели бы попробовать?

13 Назовите блюда, которые пришли в немецкую кухню из других стран.

14 Из каких стран эти блюда?

чевапчичи пицца спагетти чоп суй кебаб суши суфле
фондю гуляш паэлья тортеллини

15 В чём и как выражается мультикультурность России? Приведите примеры из разных областей жизни, например, из спорта, искусства.

16 Какие народности есть в вашем регионе? Выберите одну из них и расскажите об их жизни в Германии.

17 Подумайте, что мультикультурализм значит лично для вас, и напишите ваше мнение или ответьте на один из комментариев из форума (упр.1). ↗ L 6

18 Проведите пресс-конференцию на тему *Многонациональность – плюсы и минусы*. Обсудите следующие темы: ↗ L 7

– интеграция
– сохранение культуры (традиции, религии, языки)
– многонациональные школы

Верить – не верить.

1 Бывает ли лето в Сибири?

а) Вернувшись домой из-за границы, Мари́я За́йцева сделала в своём блоге запись с иллюстрацией. Посмотрите на картинку и скажите, о чём она могла бы написать.

б) Прочитайте запись из интернет-блога Марии.

Да, да… у нас холодно…
Интересно наблюдать за реакцией иностранцев, когда они узнают, что ты из России.
Предлагаю вашему вниманию стандартный диалог, с которого начинается любое знакомство:
– Привет! Ты откуда?
– Привет! Из России.
– А-а-а, из Москвы?
– Нет.
– Из Санкт-Петербурга?
– Нет.
– А откуда?
– Из Иркутска.
– Откуда? – и тут они еле-еле выговаривают, – Икспукс???
– Нет, Иркутск. Это в Сибири.
– В Сибири? Там же холодно!!!
– Да нет же! У нас холодно только зимой! А летом тепло.
Но думая, что у нас просто не может быть тепло, задают следующий вопрос:
– И сколько градусов когда тепло? +10?
– Нет. Часто бывает, что и +35.
И тут видишь на их лице вопрос: «Как может быть так тепло в Сибири, где круглый год идёт снег?» Каждый раз после такого диалога ты стоишь и думаешь: «Ну, наконец, хоть на одного иностранца, который ничего не знает о Сибири стало меньше». Но ты ошибаешься. Они и дальше продолжают шутить: «Ой, ты такая загорелая для девочки с севера! Ты когда домой приедешь, тебя родители не узнают, они же никогда тебя такой не видели!» или «На улице сегодня холодно, +15. Ну, для тебя-то это жара! У тебя в Сибири такого солнца не бывает».

в) Ответьте на вопросы.

1) Какие города России обычно знают иностранцы?
2) Что думают о Сибири люди из других стран и чему они удивляются?
3) Как вы можете объяснить то, что после такого разговора мнение иностранцев о Сибири не всегда меняется?

г) Определите тему этой записи и придумайте для неё название.

2 Прочитайте, что говорят о Сибири её жители. Что вы уже знали, а какая информация для вас новая?

Сергей: В Красноярском крае более 200 озёр, и половина из них солёные, лечебные.
Наташа: У нас в Сибири лето короткое, но жаркое.
Вадим: Сибирь – это идеальное место для проведения экологического отпуска.
Лена: Медведей я видела всего один раз – в заповеднике.

3 Хотели бы вы съездить в Сибирь? Расскажите, почему да или нет.

4 Россия – это …

а) Посмотрите на карту и скажите, что вы на ней видите. Как вы думаете, почему здесь изображены эти предметы?

б) Как на этой карте представлены стереотипы о России, о которых говорится в тексте упр. 1?

5 Встречались ли вы со стереотипами о Германии и о немцах? Расскажите о них.

6 Удивительные русские!

Прочитайте тексты и назовите черты характера, о которых они рассказывают.

Русские люди уж точно не похожи на остальные народы. Сегодня в электричке, когда я бегал от контролёров и когда уже надо было забегать внутрь, мне кричит женщина: «Сюда, сюда, контролёры только что из этого вагона ушли». Спасибо ей!

За что люблю русскую душу: русские женщины приготовят шикарный ужин из того, что было в холодильнике, а русские веб-дизайнеры сделают рейтинговый клип на *YouTube* из того, что у них есть на компьютере.

7 Какие из следующих черт характера вы считаете типичными для русских, а какие для немцев? Приведите свои примеры.

гостеприимство

пунктуальность

доброта

чувство юмора

честность

аккуратность

искренность

8 О валенках и шапке-ушанке

а) Западные дизайнеры часто используют в своих коллекциях элементы русского фольклорного костюма. Посмотрите на фотографии. Что из одежды, как вам кажется, пришло из России?

б) Назовите другие виды одежды, которые пришли в современную моду из народных костюмов разных народов.

9 Чемпионат мира сломает стереотипы.

После того, как Россия была названа организатором ЧМ-2018, премьер-министр России Влади́мир Пу́тин дал пресс-конференцию для российских и иностранных журналистов.

а) Прочитайте отрывок из этого интервью и передайте его краткое содержание.

А. Бодро́в: Много говорилось о том, что России нужен ЧМ, чтобы показать другую страну – не ту, о которой знают в Европе.

В. Путин: В первую очередь мы должны показать: Россия – открытая для мира страна. Люди, когда приедут, сами всё увидят. Чем больше у нас будет контактов, тем быстрее разрушатся стереотипы. И такие соревнования как Олимпиада, Чемпионат мира по футболу будут способствовать этой задаче. И тогда Европа заживёт без видимых и невидимых берлинских стен. […]
Существует много разных штампов, оставшихся с прежних времен, ещё с Холодной войны. Они как мухи летают по всей Европе, по всему миру, жужжат над ухом, пугают людей. А на самом деле действительность иная. Я хочу, чтобы вы приехали в Россию и убедились в этом, чтобы Чемпионат мира опровергнул стереотипы.

б) Как, по вашему мнению, ЧМ может разрушить стереотипы о России?

10 ЧМ – шанс или …? ↗ L 1

а) Прослушайте мнения россиян и сделайте заметки о положительных и отрицательных сторонах проведения ЧМ в России.

б) Напишите ключевые слова в таблицу в тетради.

плюсы	минусы
улучшение инфраструктуры	*модернизация только центра города*
???	???

11 Представьте, что вы житель России. Напишите своё сообщение на форум, который обсуждает вопрос *Что может изменить ЧМ?* ↗ L 6

12 Футбол, автомашины, …

а) Ян, ученик из Германии, приехал на Международную встречу молодёжи. Он живёт вместе с Виталием в одной комнате. Помогите им понять друг друга.

Виталий: Привет! Я – Виталий.
Ян: Hallo, ich bin Jan.
Виталий: Ян. А ты откуда?
Ян: Ich bin aus Deutschland, aus Düsseldorf.
Виталий: А, Германия – страна футбола и автомашин. Слушай, а правда, что у вас можно ездить на машине уже с 17 лет?
Ян: Ja, du kannst mit 17 den Führerschein machen, darfst aber nur in Begleitung einer erwachsenen Person fahren und erst mit 18 ganz allein.
Виталий: Ясно. Знаешь, мне очень повезло, что мы с тобой в одной комнате.
Ян: Warum?
Виталий: Ну, знаешь у нас говорят, что все немцы очень аккуратные и у них везде порядок и чистота, даже на улицах …

б) Представьте, что вы тоже приехали на этот сбор и живёте с учеником (ученицей) из России. Как вы думаете, о чём бы вы говорили? Сначала составьте ваши диалоги, а потом разыграйте их в классе. ↗ L 7, 15

13 О каких чертах характера говорится в этих пословицах? Есть ли похожие пословицы в немецком языке? Приведите примеры немецких пословиц, которые характеризуют человека.

лень трудолюбие храбрость гостеприимство

Волков бояться – в лес не ходить.
Работа не волк – в лес не убежит.
Гость на порог – счастье в дом.
Скучен день до вечера, если делать нечего.

14 Что такое хорошо и что такое плохо? ↗ L 15

Выберите 3 положительные и 3 отрицательные черты вашего характера. Убедите вашего партнёра в том, что его положительные черты могут быть и отрицательными, а ваши отрицательные черты могут быть положительными в некоторых ситуациях. Потом поменяйтесь ролями.

4 B В отпуске хорошо...

1 Геокэшинг

а) Прочитайте текст *В поисках сокровищ* и ответьте на вопросы.

«Да где же он? Он должен быть именно здесь. Неужели я действительно не смогу найти его?» Все руки в земле, даже не заметила, как начался дождик… И вдруг услышала победный крик Тани: «Ну-ка, иди сюда! Нашла-а-а!!!» «Чёрт возьми, ну почему опять не я? Ладно, в следующий раз…» Совсем грязная, но довольная, я мчусь к Тане, чтобы наконец-то увидеть, где был спрятан тайник. Таня насмешливо улыбается и показывает мне сокровище. «Трудно было. Едва нашла». Она показывает мне место укрытия и спрашивает: «Ну как, игра ещё нравится?» – «Ещё бы!» Мне хватило первого моего тайника месяц тому назад, чтобы подсе́сть на[1] геокэшинг. Гео… что? Кто не мечтал найти сокровища? Эта мечта стала для меня реальностью, когда моя подруга Таня показала мне игру геокэшинг (*гео* означает земля, *кэш* – тайник). Геокэшинг – это разыскивание сокровища с GPS-приёмником. Принцип игры прост: найдя подходящее место, один игрок закладывает тайник, запоминает координаты, придумывает задание, а другой игрок этот тайник ищет. Координаты и задание автор тайника опубликовывает в Интернете. Там мы с Таней и отметим в виртуальном блокноте, что мы нашли тайник, когда это было, и что мы думаем о тайнике (хорошо сделан, прекрасное место и т. д.). Геокэшингом занимаются в более 100 странах мира. К нам, в Россию, игра пришла несколько лет назад. Сейчас можно искать тайники почти во всех регионах России и странах бывшего Союза. Особенно мне нравится, что в России, в отличие от американского варианта геокэшинга, где самое важное – правильная навигация и расчёт координат, тайники прячут в местах, которые интересны по природным, историческим, культурным, географическим или каким-либо другим причинам. Просто гулять мне всегда было скучно, но охотиться за тайником мне очень нравится. Я всегда была уверена, что знаю мой родной город и окрестности, но, хотя занимаюсь я этой игрой только с недавнего времени, я уже видела несколько мест, о существовании которых я даже не подозревала.

1 *ugs.* abhängig, süchtig werden nach *etw.*

б) Передайте содержание текста. Что вы узнали о геокэшинге? ↗ L 2

в) А вы уже играли в геокэшинг? Если да, то какую роль вы выполняли – искали или прятали кэш? Расскажите об этом. Если нет, то можете ли вы представить, что вы проводите свой отпуск или свободное время в поисках тайников? Обоснуйте ваше мнение.

г) Игры в прятки или поиски сокровищ существовали и раньше. Как изменились правила в играх?

2 Что бы вы сказали …?

↗ L 9

Опишите ситуацию, изображённую на картинке, и скажите, как вы её понимаете.

3 Сравните разные хобби и виды отпуска, пользуясь этими фразами.

Геокэшинг интереснее ???, потому что ???
По-моему, бег на лыжах самый интересный вид спорта, потому что ???
Для меня лучшие зимние каникулы – это каникулы в горах, потому что ???
Интереснее всего проводить летние каникулы ???, потому что ???

4 Где можно отдыхать?

Перепишите таблицу в тетрадь, распределите слова по колонкам и выделите окончания.

Россия, Москва, разные страны, разные континенты, юг, север, Баварский лес, Алтайский край, горные регионы, Байкал, Африка, Альпы, Волга, Крым, Куба, Урал, Кавказ, Боденское озеро, родина, наша страна, Зюльт, берег Балтийского моря

в	на
в Росси**и**	на юг**е** стран**ы**

5 Расскажите о ваших прошлых или будущих каникулах.

(М) Почти каждый год мы ездим на юг. Я очень люблю Италию. Последний раз мы ездили туда два года назад. Там в море можно хорошо плавать. Мне очень нравится кататься на водном велосипеде, а потом плыть от велосипеда к берегу. Кстати, в этом году мы снова поедем в Италию. Обычно мы ездим на машине, а в этот раз полетим на самолёте.

Используйте глаголы движения *идти – ходить, ехать – ездить, лететь – летать, плыть – плавать*.

6 Марина – путешественница.

а) Как вы думаете, где была Марина и что она там делала?

б) Послушайте, что рассказывает Марина на вечеринке о своих путешествиях. Правильно ли вы угадали места, которые она посетила?

7 Отдыхать дёшево – парадокс?

Ваш российский друг показывает вам статью из Интернета, которую он не совсем понимает. Объясните ему, о чём идёт речь, и обсудите, нравится ли вам эта идея.

Hinter der Bezeichnung *Couchsurfing* verbirgt sich eine neue Methode, kostengünstig Urlaub zu machen und das Leben im Gastland aus erster Hand kennen zu lernen. Dafür registriert man sich (und seine Couch) im Internet und bietet Reisenden aus aller Welt ein Nachtlager an. Im Gegenzug kann man auf den eigenen Reisen ebenfalls bei Couchsurfern unterkommen. Dabei geht es oft nicht nur um eine günstige Schlafgelegenheit in den Metropolen der Welt, sondern auch darum, Land und Leute besser kennen zu lernen. Mehr als 2 700 000 Couchen in über 240 Ländern sind bereits registriert und fast alle Couchsurfer sind mit ihren Erfahrungen sehr zufrieden.

8 Россия – страна контрастов.

а) Посмотрите на фотографии и скажите, в каких из этих мест вы хотели бы жить, а в каких отдыхать. Приведите аргументы.

б) Какие ещё контрасты из жизни в России вы можете назвать?

9 Байкал

а) Прослушайте текст. Как вы думаете, где можно услышать такой текст?

б) Какие аргументы в пользу проведения отпуска на Байкале названы в тексте? Выберите правильные ответы.

- красивый ландшафт
- интересная ночная жизнь
- множество музеев, театров
- нетронутая природа
- экологический отпуск

в) Какие ещё аргументы в пользу отпуска на Байкале вы можете назвать?

г) В рекламе говорится об экотуризме. Иногда экотуризм также называют «зелёным» туризмом. Как вы понимаете это название?

10 Какие из этих мест в России идеальны для «зелёного» отпуска?
Что там можно делать?

Москва | Дельта Волги | Полуостров Камчатка | Сибирь
Санкт-Петербург | «Золотое кольцо» | «Зелёное кольцо» | Новгород
Карелия | Чёрное море | Север европейской части России | Кавказ

11 Экотуризм сегодня

Представьте себе, что вы проходите практику в туристическом агентстве.
Придумайте флаер об экотуризме для русскоязычных клиентов агентства.

12 Прочитайте e-mail. Затем со своим соседом по парте напишите по этому образцу e-mail, в котором вы рассказываете о своих планах на отпуск. ↗ L 14

Привет Саша!

У меня для тебя сюрприз. Я купила билеты на «горящий» тур на эти выходные. Выезжаем в пятницу, во второй половине дня, и вернёмся в субботу поздно вечером.
Посмотрим Таллин, столицу Эстонии, будем гулять, отдыхать... Я так рада, что не могу дождаться!

До скорого!
Ирина

13 Обменяйтесь записками с вашим партнёром и расспросите друг друга о подробностях путешествия.

14 Запланируйте краткосрочный отпуск на конец недели. Сделайте заметки и расскажите вашему соседу о своих планах. ↗ L 1

15 Как будут отдыхать люди в будущем? ↗ L 5

Прочитайте запись в дневнике и продолжите её у себя в тетради.

15.07.2060

Дорогой дневник,

наконец-то сбылась моя мечта: я была на Луне! И, действительно, это было очень интересно. Произошло так много, что только теперь я нашла время, чтобы рассказать тебе обо всём. Но лучше, я расскажу всё по порядку. Началось всё неделю назад, когда мы пришли на космодром и сели в ракету …

1 Отпуск в России

Представьте себе, что вы хотите поехать с вашим соседом (вашей соседкой) по парте в Россию. Выберите одну из поездок и убедите его (её) поехать с вами.

2 Прочитайте рекламу, в которой описывается популярная тенденция русской столицы.

Иноязычные гувернантки для ваших детей!

«Воспитательница для детей, приглашаемая в буржуазную семью» - оригинальное значение слова «гувернантка». Приглашать иностранцев для воспитания и обучения своих детей — старая традиция русских аристократов. Мы подберём для вашего малыша лучшую англо-, немецко- или франкоговорящую гувернантку или няню. Иностранный язык станет для него вторым языком, он будет говорить на нём так же легко, как и по-русски. Двуязычие - большой плюс для вашего ребёнка. Он сможет безо всяких проблем получить самое лучшее образование за рубежом и успешно общаться с иностранными партнёрами по бизнесу.

Инвестируйте в будущее вашего ребёнка!

а) Что предлагает это агентство? Выберите правильный ответ.

1) Агентство предлагает иностранных учителей, которые будут преподавать русский язык.
2) Агентство предлагает выучить сразу три языка.
3) Агентство предлагает языковую подготовку для поездки за границу.
4) Агентство предлагает учителей из Англии, Германии, Америки или Франции.

б) Иноязычные няни есть и в Германии. Как вы думаете, какие языки обычно выбирают родители для своих детей? Назовите положительные и отрицательные стороны такого обучения как для няни, так и для детей.

3 Народы нашей школы

P

В России 4 ноября ко *Дню народного единства* и *Всемирному дню толерантности* во многих школах празднуют фестиваль *Многонациональная Россия*. Организуйте у вас в школе похожий фестиваль *Многонациональной школы* и представьте страны учеников вашей школы, их традиции, языки, песни, танцы, кухню.

4 Предложения для Европейского молодёжного парламента

↗ L 6

Каждая школа может послать делегацию в Европейский молодёжный парламент. Каждая делегация представляет рекомендации по одной теме. Запишите ваши предложения о том, как разные национальности и разные религии могут мирно жить вместе.

Мультикульту́рная Росси́я

Наро́д

автоно́мия *кого? чего?* (наро́дов, респу́блик)
адапта́ция к *чему?* (но́вой жи́зни)
антисемити́зм
(взаимо)понима́ние
возникнове́ние конфли́ктов
вы́расти/расти́ в многонациона́льной семье́
вы́ход из положе́ния (ситуа́ции)
гармо́ния
гла́вные (основны́е) зада́чи
идти́ на встре́чу *кому? чему?*
интегра́ция
консе́нсус
культу́рное бога́тство страны́
многонациона́льное о́бщество (госуда́рство)
многообра́зная культу́ра
найти́/находи́ть реше́ние
обогати́ться/обогаща́ться за счёт *кого? чего?*
обогаще́ние *кого? чего?* (челове́ка, культу́р)
объедини́ть/объединя́ть ра́зные культуры
поня́ть/понима́ть пробле́мы (тру́дности)
по/ста́вить вопро́с *какой? о чём?*
прояви́ть/проявля́ть *что?* (толера́нтность, …)
равнопра́вие *кого? чего?* (наро́дов, культу́р)
разногла́сие (единогла́сие)
реше́ние *чего?* (вопро́сов, пробле́м)
реши́ть/реша́ть вопросы (пробле́мы)
сохрани́ть/сохраня́ть тради́ции (обы́чаи)
толера́нтность
этни́ческие разли́чия

Язы́к

вы́учить/учи́ть язы́к
говори́ть на ра́зных языка́х
госуда́рственный (официа́льный) язы́к страны́
двуязы́чие
иноязы́чная гуверна́нтка (ня́ня)
наня́ть/нанима́ть *кого?* (воспита́тельницу)
носи́тель языка́
обща́ться на (не) родно́м языке́
о/владе́ть языко́м
получи́ть (име́ть) официа́льный ста́тус
родно́й (иностра́нный) язы́к
сре́дство обще́ния
явля́ться официа́льным языко́м

Клише́, стереоти́пы, шабло́ны

антипа́тия
агресси́вность
быть (не) похо́жим на всех
вы́звать/вызыва́ть реа́кцию *какую? на что?*
генерализа́ция
ду́мать стереоти́пами
заблужда́ться в *чём?* (оце́нке)
зави́сеть от *чего?* (о́пыта, ситуа́ции)
измени́ть/изменя́ть мне́ние (представле́ние) *о ком? чём?*
национа́льные черты́ хара́ктера
национа́льный представи́тель
обобще́ние *чего?*
отно́ситься *как? к кому? чему?*
отно́шение *кого? к чему?*
положи́тельный (отрица́тельный) о́браз *кого? чего?*
прогре́сс *чего?* (мышле́ния)
созда́ть/создава́ть стереоти́пы
стереоти́пное отноше́ние
суди́ть обо всех одина́ково
суди́ть по большинству́ (меньшинству́)
типи́чная (характе́рная) вне́шность
типи́чный хара́ктер

Чуде́сное вре́мя – кани́кулы!

акклиматизи́роваться
бег на лы́жах
вид спо́рта (тури́зма)
во́дные (го́рные) лы́жи
геокэ́шинг
GPS-приёмник
да́йвинг
ди́кие зве́ри (ди́кая приро́да)
мечта́ сбыва́ется
найти́/находи́ть тайни́к
наслажда́ться *чем?* (приро́дой, пое́здкой)
парашю́тный спорт
плыть на ло́дке
провести́/проводи́ть кани́кулы (о́тпуск) *где?* (в гора́х, на мо́ре)
разыска́ть/иска́ть сокро́вище
с/пря́тать кэш
тре́ккинг
удиви́тельный (необы́чный) ландша́фт
увлече́ние *какое? чем?*
экотури́зм

Корни будущего в истории

Умом Россию не понять,
Аршином общим не измерить:
У ней особенная стать –
В Россию можно только верить.

Ф. И. Тю́тчев

1 **С чем вы ассоциируете Россию? Картинки вам помогут.**

2 **Прочитайте стихотворение Эдуа́рда Аса́дова. Как вы его понимаете?**

Родине

Како́й ты была́ для меня́ всегда́?
Наве́рное, в ра́зное вре́мя ра́зной.
Да, и́менно ра́зною, как когда́,
Но ве́чно мое́й и всегда́ прекра́сной!

3 **О каких важных событиях в истории России вы уже знаете из уроков русского языка и истории? Расскажите коротко о них.**

- царь Пётр Великий: модернизировать армию и экономику
- царь Александр II: отменить крепостное право
- сформировать коммунистическое правительство
- победить в Великой Отечественной войне
- проводить экономические и политические реформы
- экспортировать энергоресурсы

4 **Напишите два неправильных высказывания об истории России. Ваш партнёр должен их исправить.**

M Иван Грозный построил Санкт-Петербург и сделал его столицей России.
Правильно: Пётр Великий построил Санкт-Петербург и сделал его столицей России.

5 **Посмотрите на картинки и соотнесите с ними заголовки.**

- *Великая Октябрьская революция (1917)*
- *коллективизация (1930)*
- *сталинский ГУЛАГ (1934–1960)*
- *Великая Отечественная война (1941–1945)*
- *период застоя времён Л. И. Брежнева (1964–1985)*
- *перестройка - новая политика М. С. Горбачёва (1986–1991)*
- *распад СССР (1991)*
- *экономический рост во время правления В. В. Путина (2000–2008) и Д. А. Медведева*

6 **Какие государства входили в состав СССР до 1991 года? Какие из них входят в состав ЕС (Европейского союза)? Воспользуйтесь картой на обложке.**

Что прошло, того не изменить...

1 В. Шала́мов – трагическая судьба

а) Прочитайте краткую биографию В. Шаламова.

В. Т. Шаламов

Варла́м Ти́хонович Шаламов родился 18 июня 1907 года в Во́логде. Его отец был священник, а мать – учительница. В 1923 году, после окончания школы, он переехал в Москву, где работал на заводе. В 1926 году В. Шаламов поступил в МГУ[1] на факультет советского права. 19 февраля 1929 года за участие в подпольной группе оппозиции В. Шаламов был арестован и осуждён на три года концентрационных лагерей на Северном Ура́ле. С 1932 года, вернувшись в Москву, он работал журналистом и писателем. Повторно В. Шаламов был арестован за КРТД[2] и осуждён на пять лет 12 января 1937 года. Срок В. Шаламов отбывал на Колымé, где работал по 14 часов на при́исках[3] и в шахтах. В лагере его били деся́тники[4], и ему приходилось часто лежать в больнице. В 1942 году его, как врага партии, осудили ещё на 10 лет. Так прошла война, а В. Шаламов был то на приисках в колымских лагерях ГУЛАГа, то в больнице.

1 Московский государственный университет 2 Контрреволюционная троцкистская деятельность
3 Goldmine 4 Aufseher

б) Напишите краткое резюме жизненного пути писателя в форме таблицы в свою тетрадь.

Фамилия, имя, отчество	*Шаламов Варлам Тихонович*
Дата рождения	*18 июня 1907 года*
Место рождения	???

в) Представьте себе, что один из вас – журналист, а другой – писатель В. Шаламов. ↗ L7

Разыграйте интервью. Задайте вопросы о родителях В. Шаламова, о его учёбе, работе, аресте и жизни на Колыме.

2 По дороге в суд

К 100-летию со дня рождения писателя, в 2007 году, был снят сериал о жизни В. Шаламова *Завещание Ленина*. Прослушайте отрывок из сериала и ответьте на вопросы.

1. Почему десятники не хотят вести В. Шаламова на суд?
2. Когда происходит действие фильма?
3 О чём говорят десятники по дороге в Я́годное?
4 Как долго В. Шаламов находился в лагере?
5. Почему десятники хотят быть в Ягодном к восьми часам вечера?

Кадр из сериала
Завещание Ленина, 2007 г.

3 «Надгробное слово»

а) Прочитайте отрывок из рассказа В. Шаламова.

Умер экономист Семён Алексе́евич Ше́йнин, напарник мой, добрый человек. Он долго не понимал, что делают с нами, но в конце концов понял и стал спокойно ждать смерти. Мужества у него хватало. Как-то я получил посылку – то, что посылка дошла, было великой редкостью, и в ней были авиационные фе́тровые бу́рки[1] и больше ничего. Как плохо знали наши родные условия, в которых мы жили. Я понимал отлично, что бурки украдут, отнимут у меня в первую же ночь. И я их продал, не выходя из комендатуры, за сто рублей десятнику Андре́ю Бо́йко. Бурки стоили семьсот, но это была выгодная продажа. Ведь я мог купить сто килограммов хлеба, а если не сто, то купить масла, сахару. Масло и сахар последний раз я ел в тюрьме.
И я купил в магазине целый килограмм масла. Я помнил о его полезности. Сорок один рубль стоило это масло. Я купил днём (работал ночью) и побежал к Шейнину – мы жили в разных бараках – отпраздновать посылку. Купил я и хлеба…
Семён Алексеевич взволновался и обрадовался.
– Ну, как же я? Какое я имею право? – говорил он, очень взволнованный. – Нет, нет, я не могу…
Но я уговорил его и, радостный, он побежал за кипятком.
И тотчас я упал на землю от страшного удара по голове.
Когда я встал, сумки с маслом и хлебом не было. Метровое ли́ственное поле́но[2], которым меня били, лежало около кровати, и все кругом смеялись. Прибежал Шейнин с кипятком. Много лет потом я не мог вспомнить об этой краже без страшного волнения. А Семён Алексеевич – умер.

б) Исправьте неправильные высказывания.

1 Pilotenfilzschaftstiefel 2 Holzscheit

1. Действие рассказа происходит утром на почте.
2. Семён Алексеевич Шейнин работал с рассказчиком в паре.
3. Рассказчик продал бурки, потому что они ему были не нужны.
4. Рассказчик побежал в барак к Шейнину с кипятком.
5. Когда Шейнин убежал, у рассказчика украли масло и хлеб.

4 Как вы думаете?

↗ L 3

а) Найдите в тексте (упр. 3) слова, которые описывают состояние и чувства героев в начале и в конце рассказа.

б) Как меняется атмосфера в начале, середине и в конце истории с посылкой? Заполните таблицу в своей тетради.

начало	середина	конец
великая редкость	???	???

5 Письмо домой

↗ L 6

Шейнин пишет письмо родным из лагеря, в котором описывает случай с посылкой. Напишите это письмо за него.

6 От глагола к существительному. Найдите соответствия.

M посылать – посылка

посылать знание продажа арест стоимость окончание жить ударить посылка поступить продать работать жизнь удар арестовать поступок стоить работа знать окончить

7 Сравните образование существительных от глаголов с помощью суффиксов в русском и немецком языках.

D

наказа**ние** ← наказа**ть**	улучш**ение** ← улучш**ить**/улучш**ать**	покуп**ка** ← куп**ить**/покуп**ать**
die Bestraf**ung** ← bestraf**en**	die Verbesser**ung** ← verbesser**n**	der Kauf ← kauf**en**

8 Образуйте от существительных глаголы и составьте с ними предложения.

M наказа**ние** – Чужого сына он наказа**ть** не может, а своего может.

-ние: отбывание, знание, терпение, пожелание
-ение: осуждение, поступление, увеличение, изменение
-ка: посылка, стройка, подготовка, перестройка

9 Прочитайте стихотворение В. Шаламова.

↗ L 10

Бог был ещё ребёнком, и укра́дкой[1]
От взро́слых он выду́мывал тайгу́:
Он рисова́л её в своей́ тетра́дке,
Черти́л перо́м дере́вья на снегу́,

Он в ра́зные цвета́ раскра́шивал тума́ны,
Весь мир был по́лон я́сной чистоты́,
Он знать не знал, что есть други́е стра́ны,
Где э́тих кра́сок мо́жет не хвати́ть.

Он так немно́го вы́лепил предме́тов:
Три де́рева, скалу́ и не́сколько пичу́г[2].
Река́ и го́рные непро́чные рассве́ты –
Изде́лье тех же неуме́лых рук.

Уже́ не здесь, уже́ как ма́стер взро́слый,
Он ли́стья вы́резал, он ка́мни обтеса́л,
Он виногра́дные везде́ разве́сил гро́здья,
И лу́чших птиц он посели́л в леса́.

И, надое́вшее таёжное творе́нье
Небре́жно сне́гом закида́в,
Ушёл вари́ть лимо́нное варе́нье
В примо́рских расписны́х сада́х.

Он был жесто́к, как все жесто́ки де́ти:
Нам жить веле́л на э́том де́тском све́те.

1 heimlich 2 Vöglein

а) Ответьте на вопросы.

1. В каком возрасте бог «выдумывал» тайгу? Что он сделал, когда стал взрослым?
2. Как выглядит тайга? Найдите примеры в первых трёх строфах и нарисуйте эту тайгу в тетрадь.
3. Опишите творение бога в четвёртой строфе. Какие места на земле имеет в виду автор?
4. Пятая строфа очень странная. Что автор хочет сказать с помощью этого сильного контраста?

б) Проанализируйте последнее двустишие.

С кем и почему автор сравнивает жестокость бога?
Кто должен жить в этой тайге?

10 Расскажите, что вы узнали из биографии В. Шаламова, отрывка из сериала и стихотворения

- о жизненной ситуации арестованных в лагере,
- об отношениях между арестованными и десятниками.

11 Вам нужно подготовить доклад о нескольких событиях в СССР и России.
Сначала составьте предложения.

М 12 апреля 1961 г. – полёт Ю. А. Гагарина в космос на корабле *Восток*.
12 апреля 1961 г. Ю. А. Гагарин полетел в космос на корабле *Восток*.

13 апреля 1985 г. – провозглашение М. С. Горбачёвым политики перестройки в СССР.
27 октября 2001 г. – выход в эфир первого российского реалити-шоу За стеклом.
27 мая 2003 г. – празднование 300-летия Санкт-Петербурга.
5 июля 2007 г. – выбор Сочи местом проведения XXII зимних Олимпийских игр 2014 года.
2 марта 2008 г. – победа Д. А. Медведева на выборах третьего президента Российской Федерации.
23 февраля 2010 г. – запуск Международного торгового центра eBay *на русском языке.*

12 Посмотрите на плакаты и почтовые марки и опишите то, что вы видите. ↗ L 1
Сделайте сначала заметки. Как вы думаете, о каких событиях в истории России они рассказывают?
Попробуйте найти похожий тематический плакат другого времени. Представьте его в классе.

Лучшее время – молодость.

1 На картинках представлены ситуации из жизни российской молодёжи в настоящее время и в прошлом.

а) Опишите то, что вы видите. Соотнесите картинки с заголовками в рамках.

- субботник
- пионерский лагерь
- школьная форма
- приём в комсомол
- подработка на каникулах

б) Как вы думаете, что из изображённого на картинках потеряло свою актуальность? Почему?

2 Расспросите ваших родителей об их молодости. Узнайте, какие важные события жизни общества того времени играли для них значительную роль.

3 Прочитайте статью и узнайте, о чём мечтает российская молодёжь.

Оказывается, русские победят в третьей мировой войне. Но не нужно пугаться. Это так международное рекламное агентство BBDO[1] иллюстрирует результат своего анализа молодёжных настроений в Европе. Опрос мужчин и женщин в возрасте от 18 до 31 года, проведённый агентством в России, Великобритании, Германии, Франции, Испании, Италии, Швеции и Чехии показал, что намного больше молодых россиян, чем их европейских сверстников, готовы сражаться за свою родину с оружием в руках. Число потенциальных защитников в России в два раза больше, чем на Западе – 64 % против 34 %. Авторы исследования делают вывод, что в случае гипотетического военного конфликта у России больше шансов одержать победу.

Молодые россияне с бóльшим оптимизмом смотрят в будущее. Почти 80 % русских – против 46 % западных европейцев – уверены, что будут жить лучше своих родителей. Конечно, русская молодёжь живёт сейчас хуже, поэтому теоретически у неё больше возможностей улучшить своё положение. Российские юноши и девушки амбициознее. Прославиться в России стремятся более 40 %, тогда как в других странах стать знаменитыми хотели бы только 20 % опрошенных. Но дело здесь в том, что зарубежные сверстники объективнее смотрят на процесс приобретения славы. Они понимают, что для этого важны не только талант и личная мотивация. 48 % западных европейцев думают: «Я хочу заработать капитал и уйти на пенсию как можно более молодым». В России такую позицию занимают только 13 % молодёжи. Остальные говорят: «Я хочу работать, пока хватит сил и здоровья». Значит ли это, что в России подрастает поколение трудоголиков, желающих воспользоваться быстро развивающимся рынком товаров и услуг для комфортного труда?

В целом российская молодёжь мечтает о работе, профессиональном успехе, но также и о развлечениях. И, главное, молодые люди верят, что всех этих целей можно достичь только своими силами.

1 *Batten, Barton, Durstine & Osborn*

а) Нарисуйте диаграмму, используя статистическую информацию из текста.

б) Передайте с помощью ваших диаграмм содержание текста. ↗ L 13

М В России 64 процента молодых людей готовы защищать свою родину с оружием в руках. Это почти в два раза больше, чем в Западной Европе. У нас только 34 процента молодёжи готовы воевать за родину.

4 А как вы смотрите в будущее? Проведите опрос в вашем классе и нарисуйте диаграммы.

5 Опишите плакат. Как вы думаете, в чём его смысл? ↗ L 8

6 Прочитайте комментарии российских школьников в молодёжной онлайн-газете *5 Углов*.

молодёжное издание ПЯТЬ УГЛОВ АБИТУРИЕНТ
www.5uglov.ru

О ПРОЕКТЕ КУЛЬТПРОСВЕТ АБИТУРИЕНТ ЖИЗНЬ

Хома
15 апреля
15:43

В наше время молодые люди (девушки и юноши) не знают, чем заняться. Одни сразу после школы идут за угол, курят и пьют; другие гуляют с утра до вечера на улице, только немногие ходят в различные кружки и секции.

Полина
31 апреля
17:41

Юность – это замечательное время! Ведь в 15–16 лет смотришь на мир совсем иными глазами, чем, скажем, лет в 30. Мы решаем свои проблемы, влюбляемся и расстаёмся, ходим в модные клубы, кинотеатры и магазины. Мне безумно нравится этот бешеный ритм, беззаботность и оригинальность нашей жизни.

Vika
26 мая
23:49

Вот кого не могу терпеть, так это подростков! Немытые, вонючие, ленивые, глупые, обидчивые… Бр!… Мне 16, но я дружу только с ребятами, которые уже вышли из этого ужасного возраста.

Soul
21 июня
21:10

Многие подростки убеждены, что большинство взрослых настроены против них. У некоторых это даже выливается в агрессию, примеров которой очень много в школьной жизни.

Kolo
21 июня
21:10

Мне многое не нравится в нас. Но во мне и в моих сверстниках есть и масса хороших качеств, которые украшают человека. Я видела, как трогательно и бережно многие ребята относятся к своей первой любви, как преображает их это чувство.

Орех
5 июля
18:22

Наше поколение – поколение Интернета. Все свои проблемы и увлечения молодёжь сейчас обсуждает в чатах и на форумах.

а) Перескажите кратко своими словами, о каких радостях и проблемах говорят ваши российские сверстники.

б) Используя информацию из блогов, составьте в своей тетради таблицу с положительными и отрицательными описаниями подростков. Обсудите их с партнёром.

положительно	**отрицательно**
посещают кружки и секции	*не знают, чем заняться (курят, пьют, гуляют)*
решают свои проблемы, …	???

7 Вы согласны, что лучшее время – это молодость? Почему? Приведите аргументы.

8 Соотнесите вакансии для школьников и студентов в рамке с их описанием.

продавец-консультант	промоутер	носильщик багажа	хостес	официант	курьер

17–35 лет. Стандартные обязанности официанта, работа с гостями.

18–60 лет. Консультирование и обслуживание клиентов в торговом зале, оформление магазина, выкладка товара на стеллажи.

16–25 лет. Участие в проведении рекламных акций.

18–25 лет. Помощь гостям отеля при заезде и выезде, обязанности посыльного. Хорошее знание англ. яз.

18–30 лет. Встреча и посадка гостей за стол.

15–29 лет. Адресная доставка корреспонденции и готовой продукции по городу.

9 Узнайте, кто в вашем классе подрабатывает после школы или во время каникул. Кем он (она) работает и почему?

Кем? распространитель листовок (флаеров) | няня | вожатый | веб-дизайнер | помощник менеджера | разносчик газет и писем | продавец сувениров и напитков

Почему? карманные деньги | уверенность в себе и чувство значимости | не сидеть без дела | приобретать полезные знания (набирать опыт) | фундамент для будущей карьеры (профессии) | хороший старт во взрослой жизни

М Виктория подрабатывает няней, потому что она любит детей. Она хочет стать воспитательницей в детском саду, и ей нужен опыт для её будущей профессии.

10 Представьте себе, что вы – мать (отец) подростка. Напишите вашему сыну (вашей дочери) письмо о радостях и трудностях вашей юности.

5 B Будущее не случается, а создаётся.

1 Гостья из будущего

а) Посмотрите на кадр из кинофильма *Гостья из будущего*. Как вы думаете, о чём этот фильм?

б) Прочитайте краткое содержание фильма.

1. Правильны ли ваши предположения?
2. Куда попадает Ко́ля Гера́симов?
3. Зачем прилетают космические пираты?

13 апреля 1984 года Коля Герасимов, ученик московской школы, с помощью машины времени перемещается в конец XXI-го века, где знакомится с Али́сой Селезнёвой. У Алисы есть миелофон-аппарат, с помощью которого можно читать мысли. В это время с Сатурна прилетают за миелофоном космические пираты. Начинаются приключения ребят в настоящем и будущем.

2 Прекрасное далёко

↗ L 11

а) Послушайте песню из кинофильма *Гостья из будущего.*

Слы́шу го́лос из прекра́сного далёка,
Го́лос у́тренний в сере́бряной росе́.
Слы́шу го́лос, и маня́щая доро́га
Кру́жит го́лову, как в де́тстве карусе́ль.

Припев:
Прекра́сное далёко,
Не будь ко мне жесто́ко,
Не будь ко мне жесто́ко,
Жесто́ко не будь.
От чи́стого исто́ка,
В прекра́сное далёко,
В прекра́сное далёко,
Я начина́ю путь.

Слы́шу го́лос из прекра́сного далёка,
Он зовёт меня́ в чуде́сные края́.
Слы́шу го́лос, го́лос спра́шивает стро́го:
А сего́дня что для за́втра сде́лал я?

Припев

Я кляну́сь, что ста́ну чи́ще и добре́е,
И в беде́ не бро́шу дру́га никогда́.
Слы́шу го́лос и спешу́ на зов скоре́е
По доро́ге, на кото́рой нет следа́.

Припев

музыка Е. Крыла́това, слова Ю. Э́нтина

б) Закончите высказывания, используя информацию из песни.

1. Герой песни хочет попасть в *прекрасное далёко*, потому что ???
2. Дорога в *прекрасное далёко* начинается ???
3. Чтобы попасть в *прекрасное далёко*, герой песни должен ???

3 Прочитайте научно-фантастический рассказ *По дороге в будущее*.

Начало XXII-го века. Коля Герасимов закончил школу и университет и опять попадает в будущее.

Дорога в будущее начиналась сразу за дверью. Больше всего она напоминала горизонтальные эскалаторы, лежащие на земле и движущиеся в центре очень быстро. «Вот оно, достижение научно-технического прогресса», – подумал Коля, пересекая территорию России, которую он не знал. И он вспомнил МКАД[1], реконструированную в конце XX-го века. Как часто он стоял на ней в прóбках[2], опаздывая в МАТИ[3].

– Сейчас ты увидишь Россию двадцать второго века, – сказала Гостья из будущего, управляющая водородным автомобилем.

– То есть после кризиса идеологической доктрины? – спросил Коля, посасывая из баллончика кислород.

– Совершенно верно. Россию, населённую технологически развитой человеческой цивилизацией.

– Я уже сейчас чувствую себя героем какого-то научно-фантастического романа, побывавшим на другой планете, – признался Коля, разглядывая в окно корабли на космодроме.

– Ну, планета-то осталась та же. Только её больше не эксплуатируют, как в XXI-м веке. Заменив нефть и природный газ альтернативными источниками энергии, мы остановили глобальное потепление. В результате достижений, сделанных российскими и зарубежными изобретателями, у нас появились аппараты, облегчающие и улучшающие жизнь человека. Пользуясь ими, россияне ведут здоровый образ жизни. Очень популярны сейчас у нас лунные тренажёры, используемые в домашних центрах здоровья.

– Вот это да! Какая положительная страна! – усмехнулся Коля. – А ведь наверняка российское правительство, используя новые технологии, «обрабатывало» население.

– Ты прав. У нас была диктатура, распавшаяся из-за того, что не смогла решить задачи модернизации общества.

– Значит, изменения наступили не из-за катаклизмов вроде падения метеорита или нашествия инопланетян?

Гостья из будущего улыбнулась.

– Нет. Скорее, всё зависит от человеческой природы. Русский человек – это трансчеловек, идущий в ногу с прогрессом и живущий в глобализированном мире на очень старой планете.

1 Московская кольцевая автомобильная дорога 2 *ugs.* Stau

3 Российский государственный технологический университет им. К. Э. Циолковского

а) Ответьте на вопросы к рассказу *По дороге в будущее*.

1. Что нового видит Коля по дороге в будущее?
2. Что изменилось в России в XXII-м веке по словам Гостьи из будущего?
3. Найдите слова и предложения, доказывающие критический подход Коли к России XXI-го века.
4. В чём заключается главная причина изменений в России?

б) Продолжите рассказ. Что случилось дальше? Как Коля отнёсся к тому, что увидел? Вы можете начать так:

↗ L 6

Когда дорога закончилась, Коля увидел …

4 Найдите в тексте (упр. 3) предложения с причастиями и деепричастиями. Сформулируйте их по образцу и переведите на немецкий язык.

Делая уроки, Коля слушал музыку.

Сделав уроки, Коля пошёл играть в футбол.

Образец с причастием

Больше всего она напоминала горизонтальные эскалаторы, лежащие на земле и движущиеся в центре очень быстро.

Больше всего она напоминала горизонтальные эскалаторы, которые лежали на земле и двигались в центре очень быстро.

Образец с деепричастием

«Вот оно, достижение научно-технического прогресса», – подумал Коля, пересекая территорию России, которую он не знал.

«Вот оно, достижение научно-технического прогресса», – подумал Коля, когда он пересекал территорию России, которую он не знал.

5 Образование причастий и деепричастий

а) Перепишите таблицу в тетрадь и дополните её формами причастий из текста (упр. 3).

	Aktiv	Passiv
Präsens	*лежащие,* ???	*используемые,* ???
Präteritum	*побывавшим,* ???	*реконструированную,* ???

б) Сравните предложения с причастиями и переведите их на немецкий язык.

И он вспомнил МКАД[1], реконструированную в конце XX-го века.
И он вспомнил реконструированную в конце XX-го века МКАД.

1 Московская кольцевая автомобильная дорога

в) От каких глаголов образованы деепричастия в тексте? Назовите суффиксы, используемые для образования деепричастий.

M пересекая ← пересекать

6 Посмотрите на изобретения русских учёных в XX-м веке и выберите правильную форму причастий.

М На фотографии номер 2 – С. А. Ле́бедев, создавший в 1949 году электронную вычислительную машину (ЭВМ).

1. На фотографии номер ??? – автомат АК-47, (изобретавший/изобретённый) в 1947 году М. Т. Калашниковым.
2. На фотографии номер ??? – запуск первого космического корабля *Восток* с Ю. А. Гагариным на борту, (осуществивший/осуществлённый) С. П. Королёвым в 1961 году.
3. На фотографии номер ??? – учёный-экспериментатор В. П. Де́михов, (сделавший/сделанная) в 1946 году первую в мире трансплантацию сердца собаки.
4. На фотографии номер ??? – первый пассажирский сверхзвуковой самолёт Ту-144, (создавший/созданный) А. Н. Ту́полевым и его сыном в 1968 году.

7 Посмотрите на картину одного из лидеров русского авангарда. Каким видит художник Москву новой эры? Опишите картину.

↗ L 8

Васи́лий Канди́нский,
Москва. Красная площадь,
1916 г.

Конец – делу венец.

1 Разыграйте диалог. Используйте ролевые карточки. ↗ L 7

Partner A

Du bist 15 Jahre alt. Du engagierst dich in einer Jugendorganisation für mehr Rechte von Jugendlichen.
Nenne drei Argumente, um deinem Gesprächspartner/deiner Gesprächspartnerin zu beweisen, dass es wichtig ist, bereits frühzeitig politisch aktiv zu sein.
Sage, dass gemeinsam vieles erreicht werden kann.
Reagiere auf die Meinung deines Partners/ deiner Partnerin, dass am Ende Erwachsene trotzdem Recht behalten.

Partner B

Du bist 15 Jahre alt. Du hältst wenig vom politischen Engagement junger Leute.
Nenne drei Argumente, um deinem Gesprächspartner/deiner Gesprächspartnerin zu beweisen, dass es wenig Sinn macht, in eurem Alter politisch aktiv zu sein.
Sage, dass Jugendliche bereits bei ihren Eltern mit ihren Rechten und Entscheidungen scheitern.
Reagiere auf die Meinung deines Partners/ deiner Partnerin, dass man in einer Organisation mehr Chancen hat, etwas zu verändern.

2 В школьной газете есть интересная информация о новых открытиях на русском языке. Поэтому вас, изучающих русский язык, попросили передать другим ученикам содержание новостей об инновационных технологиях и изобретениях по-немецки.

1. Ультралёгкий самолёт, изготовленный из углеродного волокна и питающийся от тончайших солнечных батарей, продержался в воздухе 83 часа 37 минут. Это более чем в два раза превышает прежний рекорд, установленный в 2001 году беспилотным самолётом Global Hawk.

2. 16 июня в немецком Нюрнберге начала свою работу первая полностью автоматизированная линия метро. В поездах нового поколения компьютеры, заменившие машинистов, контролируются с центрального пункта управления.

3. В ближайшие 10 лет миру грозит сильнейшее землетрясение, которое по масштабу будет сравнимо с цунами у берегов Японии в 2011 году, жертвами которого стали сотни тысяч человек. Об этом предупредили российские учёные, создавшие модель предсказания сейсмических катастроф.

3 Послушайте программу *Общественное мнение* на *Радио Свобода* и скажите, что правильно, а что неправильно.

1. Проблемы наркомании и алкоголизма – это проблемы деревень и маленьких городов.
2. Политика волнует молодёжь больше, чем экономика.
3. Российские молодые люди оптимистично смотрят в будущее, потому что им помогают родители.
4. Политика должна решать проблемы молодёжи.
5. Российское законодательство нужно пересмотреть и изменить.
6. Средства массовой информации находятся в руках правительства.
7. В больших городах молодёжь часто смотрит телевизор.
8. Молодые люди любят слушать музыку и заниматься спортом.

радио свобода

4 Напишите сочинение о радостях и проблемах нашей планеты в XXI-м веке. Пользуйтесь следующими темами. ↗ L 6

Прогресс: Интернет, мобильник, компьютер, гентехника, …
Загрязнение природы и защита экологии: фабричные отходы, нефть, газ, разделение мусора, …
Юность: проблемы с родителями, жизнь подростков, …
Общество: война, политика, экономика, …

Биогра́фия

верну́ться *куда?* (домо́й) *откуда?* из (лагеря́)
обуче́ние
око́нчить *что?* (шко́лу)
перее́хать/переезжа́ть из (Росси́и) в (Герма́нию)
поступи́ть/поступа́ть *куда?* (в институ́т)
работать *кем?* (врачо́м) *где?* в, на (в больни́це)
роди́ться, да́та рожде́ния, ме́сто рожде́ния
умере́ть/умира́ть
уйти́ на пе́нсию
учи́ться
фами́лия, и́мя, о́тчество

ГУЛА́Г

арестова́ть *кого?*
бара́к
вести́ на суд
враг
комендату́ра
концентрацио́нный ла́герь
кра́жа
напа́рник
оппози́ция
осуди́ть/осужда́ть *кого?* за *что?*
отбы́ть/отбыва́ть срок *где?* (на Колыме́, в тюрьме́)
подпо́льная гру́ппа
укра́сть *что?* у *кого́?*
уча́стие в *чём?*

Приро́да

гора́, скала́, ка́мни
виногра́дные гро́здья
лес, дере́вья, ли́стья
закида́ть сне́гом
пти́ца
рассве́т, тума́н
сад
таёжное творе́нье

Исто́рия Росси́и

вы́брать/выбира́ть *что? чем?* (Москву́ столи́цей)
вы́йти в эфи́р
запусти́ть *что?*
победи́ть *кого́? где?* в, на
пра́здновать *что?*
провозгласи́ть поли́тику перестро́йки

Молодёжь

агре́ссия, агресси́вный
амби́ция, амбицио́зный
беззабо́тность *чего?* (жи́зни)
влюби́ться/влюбля́ться в *кого?*
дости́гнуть/достига́ть це́ли
дружи́ть с *кем?*
зарабо́тать/зараба́тывать *что?* (де́ньги, капита́л)
защи́тник *чего?* (ро́дины, оте́чества)
име́ть возмо́жность
ка́чество
не мочь терпе́ть *кого? что?* (подро́стков)
оригина́льность *чего?* (жи́зни)
подро́сток
поколе́ние
расста́ться/расстава́ться с *кем? чем?* (стары́ми тради́циями)
реши́ть/реша́ть *что?* (пробле́мы)
све́рстник
смотре́ть в бу́дущее с оптими́змом
смотре́ть на мир ины́ми глаза́ми
сража́ться за *что?* (свобо́ду) с ору́жием в рука́х
стреми́ться просла́виться
стать знамени́тым, приобрести́ сла́ву
трудого́лик
увлече́ние *чем?*
ходи́ть *куда?* (в кружо́к, се́кцию)
ю́ность

Но́вые техноло́гии

альтернати́вный исто́чник эне́ргии
вести́ здоро́вый о́браз жи́зни
глоба́льное потепле́ние
изобрета́тель, учёный-эксперимента́тор
косми́ческий кора́бль
модерниза́ция *чего?* (о́бщества)
нау́чно-техни́ческий прогре́сс, достиже́ние
наше́ствие *кого?* (инопланетя́н)
облегчи́ть/облегча́ть *что?* (жизнь)
осуществи́ть/осуществля́ть *что?* (за́пуск)
плане́та
сверхзвуково́й самолёт
созда́ть/создава́ть *что?*
трансплата́ция *чего?* (се́рдца)
тренажёр, эскала́тор
цивилиза́ция
эксплуати́ровать *кого? что?*
э́ра

Развитие умений и навыков

Дорогие ученики,

в учебниках *Диалог 1–4* вы уже познакомились с некоторыми навыками и речевыми оборотами (напр., описание и анализ картины, ведение интервью, выражение мнения). На следующих страницах вы найдёте полезные советы с конкретными примерами и нужные речевые обороты для владения русским языком на высоком уровне.

Под номерами 1–6 представлены методы, полезные слова и выражения, которые нужны для анализа и обсуждения литературного текста. Все примеры связаны с рассказом А. П. Чехова *Вверх по лестнице* (стр. 91).

Потом следуют методы, примеры и выражения для развития других навыков.

Большинство методов построено по следующему принципу:

1) Основная информация (где нужно)

2) **Конкретный пример метода:**

введение

главная часть

заключение

3) **Шаги/Советы**

4) **Полезные слова и выражения**

Вверх по лестнице

Провинциальный советник[I] Долбоно́сов[II], будучи однажды по делам службы в Питере, попал случайно на вечер к князю Финга́лову[III]. На этом вечере он, между прочим, к великому своему удивлению, встретил студента-юриста Щепо́ткина[IV], бывшего лет пять тому назад репетитором его детей. Знакомых у него на вечере не было, и он от скуки[1] подошёл к Щепоткину.

– Вы это… тово… как же сюда попали?[2] – спросил он, зевая в кулак[3].

– Так же, как и вы…

– То есть, положим, не так, как я… – нахмурился[4] Долбоносов, оглядывая Щепоткина. – Гм… тово… дела ваши как?

– Так себе… Кончил курс в университете и служу чиновником особых поручений[5] при Подоко́нникове…

– Да? Это на первых порах[6] недурно… Но… ээ… простите за нескромный вопрос, сколько даёт вам ваша должность[7]?

– Восемьсот рублей…

– Пф! … На табак не хватит… – пробормотал Долбоносов, опять впадая в снисходительно-покровительственный тон[8].

– Конечно, для безбедного прожития в Петербурге этого недостаточно, но кроме того ведь я состою[9] секретарём в правлении Уга́ро-Дебоши́рской железной дороги… Это даёт мне полторы тысячи…

– Дааа, в таком случае, конечно… – перебил Долбоносов, причём по лицу его разлилось нечто вроде сияния[10]. – Кстати, милейший мой, каким образом вы познакомились с хозяином этого дома?

– Очень просто, – равнодушно отвечал Щепоткин. – Я встретился с ним у статс-секретаря[V] Лодкина[VI]…

– Вы… бываете у Лодкина? – вытаращил[11] глаза Долбоносов…

– Очень часто… Я женат на его племяннице…

– На пле-мян-ни-це? Гм… Скажите… Я, знаете ли… тово… всегда желал вам… пророчил блестящую будущность, высокоуважаемый Ива́н Петро́вич…

– Пётр Ива́ныч…

– То есть, Пётр Иваныч… А я, знаете ли, гляжу сейчас и вижу – что-то лицо знакомое… В одну секунду узнал… Дай, думаю, позову его к себе отобедать… Хе-хе… Старику-то, думаю, небось не откажет! Отель «Европа», № 33… от часу до шести…

Анто́н Па́влович Че́хов *1885 г.*

[1] *сущ.* от слова «скучно», «скучать»

[2] попасть/попадать *куда?* – gelangen, geraten

[3] in die Faust gähnend

[4] machte eine finstere Miene

[5] Beamter mit besonderen Aufgaben

[6] = в начале

[7] = работа, служба; от слова «должен»

[8] in einen herablassend-gönnerhaften Ton verfallend

[9] *hier:* работаю

[10] verbreitete sich so etwas wie ein Leuchten

[11] riss die Augen auf

[I] средне-низкий ранг в русском обществе до начала Октябрьской Революции в 1917 г.

[II] В фамилии *Долбоносов* можно найти слова «долбить» (meißeln) и «нос» (Nase).

[III] В фамилии *Фингалов* можно найти слово «фингал» (blauer Fleck).

[IV] В фамилии *Щепоткин* можно найти слово «щепотка» (Prise).

[V] высокий ранг

[VI] В фамилии *Лодкин* можно найти слово «лодка» (Boot).

1. Делать заметки

Заметки для резюме рассказа *Вверх по лестнице*

а) Данные
А. П. Чехов: *Вверх по лестнице*, рассказ (1885)

б) Где? Когда?
– в России, на вечере князя Фингалова (ст. 2–3)
– в XIX-м веке

в) Герои
– Долбоносов:
- провинциальный советник (ст. 1)
- сначала: расспрашивает Щ.; снисходительно (ст. 18)
- потом: приглашение (ст. 36)
- причина: связь Щ. со статс-секретарём Лодкиным (ст. 26–27)

– Щепоткин, Пётр Иваныч:
- бывший студент-юрист (ст. 4)
- бывший репетитор детей Долбоносова (ст. 5)
- разные работы → деньги (ст. 12–22)
- женат на племяннице статс-секретаря Лодкина (ст. 29)

Шаги

1. Решите, для чего вам нужны заметки.
   - Чтобы написать *резюме* (стр. 93), запишите только самые важные события и действия.
   - Чтобы написать *характеристику* (стр. 102), вам нужно записать и детали поведения и мысли героев.
2. Прочитайте текст и подчеркните (если возможно) то, что вам кажется важным. Используйте разные цвета, например, если вы будете писать характеристику двух героев.
3. Прочитайте текст ещё раз и запишите самую важную информацию для решения вашей задачи. Иногда стоит записать информацию в форме ассоциограммы или какой-то другой диаграммы.

Советы
– Используйте несложные для вас слова.
– Не пишите те слова из текста, которых вы не понимаете.
– Пишите так, чтобы позже вы могли прочитать свои заметки.
– Приведите свои заметки в логичный порядок.
– Придумайте заголовки, решите, что (не) важно.

2. Передавать основное содержание текста (резюме[1])

В рассказе Антона Павловича Чехова *Вверх по лестнице*, написанном автором в 1885-м году, речь идёт о встрече двух людей и их положении в обществе.	введение
Главными героями являются провинциальный советник Долбоносов и молодой студент-юрист Щепоткин, который пять лет тому назад был репетитором детей Долбоносова. Они встречаются на вечере у князя Фингалова. Так как Долбоносов не знаком с большинством гостей, он начинает разговор с Щепоткиным о его карьере. Он узнаёт, где Щепоткин работает и сколько денег он получает. Ему не очень интересно говорить с бывшим репетитором, но когда он узнаёт, что тот женат на племяннице очень важного человека, статс-секретаря Лодкина, он резко меняет своё поведение. Теперь ему приятно быть знакомым и говорить с Щепоткиным, и он даже приглашает его на обед к себе в гостиницу.	главная часть
В своём рассказе Чехов показывает абсурдность поведения главного героя Долбоносова. Тот меняет своё поведение только потому, что узнаёт, что бывший репетитор значительно улучшил своё положение в обществе и сейчас даже знаком с очень важным человеком. Чехов разными методами критикует такое поведение – и тем самым и российское общество XIX-го века, в котором отношения между людьми часто зависели от их положения в обществе.	заключение

Полезные слова и выражения

Внимание
- без цитат
- настоящее время
- коротко
- нейтральный стиль

1. Введение

а) Название литературного произведения и жанр

- Данный роман (рассказ, повесть, текст, сказка) называется …
- Название этого текста – …
- В рассказе речь идёт о *ком/чём?* …
- Рассказ (повесть, роман, драма, сказка, басня) …
- Данный текст – сатира (сказка, басня).
- По литературному жанру это – роман (повесть, рассказ, сказка, …).
- Трудно (легко) определить жанр данного текста (произведения).

б) Год и место публикации

- Рассказ был опубликован *когда?* в …-м году.
- В романе, написанном автором *в каком году?* в …-м году, …
- Данный текст вышел в свет *когда/где?* в …-м году в Москве.
- Рассказ был написан *когда/где?* …

1 В некоторых федеральных землях Германии резюме – только передача основного содержания, в других землях резюме включает и оценку текста, и личное мнение о нём. Спросите вашего учителя (вашу учительницу) о том, нужно ли вам написать только о самом содержании или нужно включить личную оценку содержания текста.

в) Имя автора

- В произведении, написанном *кем?* …
  - ~ Чеховым (Гоголем, Пушкиным, …).
- Этот рассказ написал(а) *кто? (имя автора)* …
- Автором этого произведения является *кто? (имя автора)* …
- Это рассказ *кого? (имя автора)* …

г) Главная тема

- В рассказе (повести, романе, драме, сказке, басне) речь идёт о *ком/чём?* …
- Тема рассказа (повести, романа, драмы, сказки, басни) – …
- Автор пишет о *ком/чём?* …
- Это произведение на тему *чего?* …
- Данный текст посвящён теме *чего?* …

2. Главная часть

а) Тематика и проблематика

- Автор рассказа (текста, повести, …) пишет (рассказывает) о *ком/чём?* …
- В данном тексте автор описывает (показывает) *кого/что?* …
- Тема повести (романа, …) – …
- В этом рассказе речь идёт о *ком/чём?* …
- Это повесть о *ком/чём?* …
- В данном тексте говорится о том, что …

б) Место, время и развитие действия

- Действие рассказа происходит *где?* в/на …
- Место действия – это …
- Действие происходит в каком-то городе (в какой-то деревне) в России (в Германии, во Франции).
- Действие рассказа происходит *когда?* в XIX-м (XX-м, XXI-м) веке (в прошлом году, в этом году, давным давно).
- Неясно, где и когда происходит действие.
- Рассказ начинается (кончается) тем, что …
- В рассказе (повествовании) …
- В начале (сначала, затем, после этого, в конце) …

в) Персонажи

- Главный герой (главная героиня, главные герои) – *кто?* …
- Главным героем (главной героиней, главными героями) данного произведения является (являются) *кто?* …
- Для этого персонажа характерно то, что …
- Автор описывает внешность и характер главного героя (главной героини, главных героев).
- Мы узнаём факты из биографии персонажей.
- О внешности персонажей в тексте ничего не сказано.

3. Заключение

а) Точка зрения и мысли автора

- Автор отрицательно (положительно, иронически) оценивает главных героев.
- Трудно сказать, что автор думает об этой теме (о поведении главных героев), но мне кажется, что он (она) ..., потому что ...

б) Оценка произведения

- Это очень интересный (грустный, весёлый, странный) рассказ (роман, повесть, ...).
- Данный текст очень интересен (грустен, необычен).
- Я (не) согласен (согласна) с тем, что ...
- Это произведение мне (не) понравилось, потому что ...
- По-моему, то, что написано в рассказе, в жизни совсем иначе (действительно так).
- Мне кажется, что в тексте (совсем не) правильно говорится о *ком/чём?* ...
- Как хорошо (удачно) сказал/заметил автор, ...
- Я думаю, что автор не совсем прав, когда он говорит *о чём?*...

3. Анализировать литературный текст

Анализ литературного текста включает следующие аспекты:

1) анализ композиции текста,
2) анализ роли рассказчика и
3) анализ стилистических приёмов, которые использованы в тексте.

Анализ композиции литературного текста отличается от анализа нехудожественных текстов. Его можно разделить на три части:

– введение,
– главная часть и
– заключение.

Схема композиции рассказа

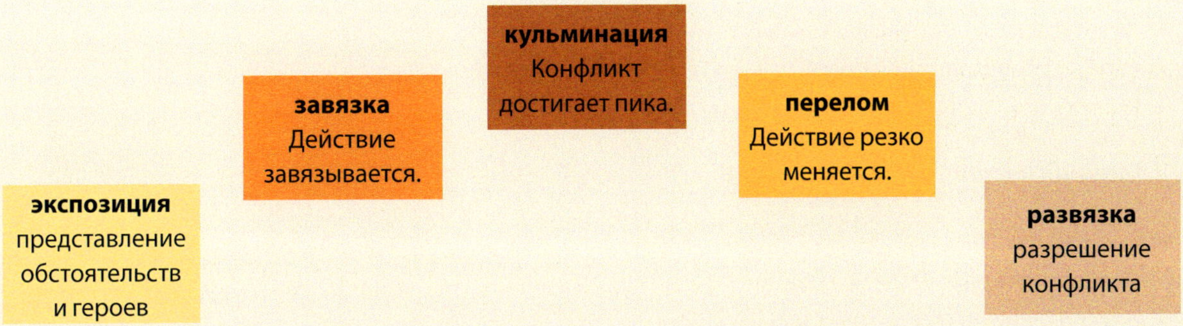

1) Анализ композиции рассказа

введение

Сатирический рассказ Антона Павловича Чехова *Вверх по лестнице*, написанный автором в конце XIX-го века, делится на несколько частей.

главная часть

экспозиция

В экспозиции (ст. 1–6) читателю представляются главные персонажи и место, где происходит действие. Мы узнаём, что главными героями являются провинциальный советник Долбоносов и молодой студент-юрист Щепоткин, который пять лет тому назад был репетитором у детей Долбоносова. Они встречаются на вечере у князя Фингалова.

завязка

Завязка (ст. 7–22) обычно рассказывает о начале главного действия и о том, как развивается конфликт. В нашем случае Долбоносов начинает разговор с Щепоткиным и расспрашивает его о его карьере.

кульминация

В кульминации (ст. 23–27) конфликт достигает своего пика. В данном рассказе это тот момент, когда Долбоносов узнаёт, что Щепоткин женат на племяннице очень важного человека, статс-секретаря Лодкина.

перелом

После кульминцаии (ст. 28–33) следует, как правило, перелом, в котором действие меняется в неожиданную и иногда противоположную сторону. В рассказе *Вверх по лестинице* этим переломным моментом является неожиданное изменение в поведении Долбоносова по отношению к Щепоткину.

развязка

В развязке (ст. 34–37) конфликт решён. Долбоносов приглашает Щепоткин на обед к себе в гостиницу.

заключение

Можно сказать, что в данном рассказе перелом и развязка совпадают (ст. 28–37).

Полезные слова и выражения

1. Введение

а) Название произведения и жанр
б) Год и место публикации
в) Имя автора
г) Главная тема

} *см.* *2. Передавать основное содержание текста (резюме)* (стр. 93)

д) Деление на части

- Данный текст можно разделить на две (три, четыре) части.
- Рассказ можно разделить на пять частей.
- Рассказ *кого? (имя автора)*… делится на несколько частей.

2. Главная часть

а) Экспозиция

- Первая часть рассказа – экспозиция.
- В экспозиции представлены главные герои.
- В экспозиции мы узнаём о месте и времени действия.
- Экспозиция – это изложение обстоятельств (место/время) и знакомство с героями.
- В экспозиции читатель знакомится с главными персонажами и местом, где происходит действие.

б) Завязка

- Вторая часть рассказа – завязка.
- Завязка обычно рассказывает о начале главного действия.
- Завязка – это та часть рассказа, в которой развивается конфликт.
- В завязке действие (конфликт) начинается.

в) Кульминация

- Третья часть рассказа – кульминация.
- В кульминации действие достигает своего пика.
- Кульминация – это та часть рассказа, в которой конфликт достигает своего пика.

г) Перелом

- Четвёртая часть рассказа – перелом.
- В переломе действие меняется в неожиданную (противоположную) сторону.
- Перелом – это та часть рассказа, в которой действие резко меняется.

д) Развязка

- Пятая (последняя) часть рассказа – развязка.
- Развязка – это та часть рассказа, в которой разрешается конфликт.
- Развязка – это разрешение конфликта.

3. Заключение

- Можно сказать, что в данном рассказе перелом и развязка совпадают.
- В данном случае кульминация и перелом совпадают.
- Композиция данного рассказа типична для сатиры.
- Очень трудно (легко) определить композицию данного текста.

2) Анализ роли рассказчика

введение

Рассказ Антона Павловича Чехова *Вверх по лестнице*, написанный автором в конце XIX-го века, состоит в основном из диалогов.

главная часть

перспектива повествования

Действие рассказа передано от третьего лица. Рассказчик в самом начале рассказа представляет читателю главных героев и место, где происходит действие. В дальнейшем он только иногда комментирует высказывания персонажей и тем самым даёт читателю представление о своей позиции, о том, как он – и, может быть, даже автор – оценивает их высказывания и поведение.

характеристика персонажей

Можно сказать, что он не очень положительно относится к Долбоносову. Как пример можно привести следующие глаголы, которые рассказчик употребляет для комментариев высказываний Долбоносова и которыми он характеризует его: «зевая в кулак» (ст. 7–8), «нахмурился» (ст. 10), «оглядывая Щепоткина» (ст. 11) «пробормотал» (ст. 17), «впадая в снисходительно-покровительственный тон» (ст. 18).

заключение

Хотя в рассказе много диалогов, рассказчик играет важную роль, потому что он характеризует главных героев своими комментариями.

Полезные слова и выражения

1. Введение

а) Название произведения и жанр
б) Год и место публикации
в) Имя автора
г) Главная тема

см. *2. Передавать основное содержание текста (резюме)* (стр. 93)

д) Роль рассказчика

- В данном тексте рассказчик играет главную (второстепенную) роль.
- Рассказ «…» состоит в основном из диалогов.
- В данном тексте очень много (мало) диалогов.

2. Главная часть

а) Перспектива повествования

- Действие передано (рассказывается) от первого (третьего) лица.
- Рассказчик (не) участвует в событиях рассказа.
- Рассказчик в данном рассказе – всевидящий (всезнающий).
- Всевидящий рассказчик знает и о чувствах, и о мыслях персонажей.
- В рассказе есть (один) рассказчик.
- В рассказе два рассказчика: один рассказывает сам рассказ, другой рассказывает о действии, обрамляющем рассказ.

б) Характеристика персонажей рассказчиком

- Рассказчик комментирует поступки персонажей таким образом: …
- Рассказчик употребляет для комментариев высказываний персонажей следующие слова: …
- Рассказчик характеризует главных героев следующими языковыми средствами: …
- Рассказчик оценивает поведение главного героя.
- Он положительно (отрицательно) относится к (этому) герою. Это видно по тому (из того), как (что) …
- Эти (следующие) выражения дают нам представление о позиции рассказчика: …

3. Заключение

Оценка роли рассказчика

- В данном тексте рассказчик играет большую ((не)главную, важную) роль, потому что …
- О роли рассказчика можно сказать то, что …

3) Анализ стилистических приёмов в тексте

введение

В рассказе *Вверх по лестнице* Антона Павловича Чехова используются несколько стилистических приёмов, типичных для жанра сатиры.

«говорящие» фамилии

Один из этих приёмов – необычные фамилии, которые характеризуют персонажей или подчёркивают их функцию в рассказе. Одного из главных героев зовут Долбоносов, от слова «долбить» и «нос». Он расспрашивает бывшего репетитора о его карьере и о том, сколько денег он зарабатывает, и тем самым суёт свой нос не в свои дела. Другого главного героя зовут Щепоткин – тот отвечает на все вопросы Долбоносова, но неохотно рассказывает о своей жизни и карьере. Как говорит его фамилия, он даёт информацию о себе маленькими дозами. Статс-секретаря, на племяннице которого женат Щепоткин, зовут Лодкин, от слова «лодка». Он помогает Щепоткину перейти с одной стороны на другую, от незначительности к важности. Через него Щепоткин познакомился с Фингаловым. В фамилии князя заключено слово «фингал». Можно предположить, что его так зовут, потому что вечер у него становится неприятным для Долбоносова.

преувеличение

главная часть

Преувеличение – другой приём сатиры. Долбоносов «вытаращил глаза» (ст. 28), что указывает на то, что он очень удивлён. Он обращается к Щепоткину «высокоуважаемый» (ст. 31) и говорит, что всегда желал ему «блестящую будущность» (ст. 31). Это очень преувеличено и иронично, особенно потому, что он даже не помнит имя и отчество своего собеседника. Преувеличением также является и тот факт, что Долбоносов настолько неуверен в себе из-за неожиданно высокого статуса Щепоткина, что он начинает говорить очень медленно («племян-ни-це») (ст. 30) и незаконченными предложениями (ст. 30–31).

абсурдность

ирония, комизм

недостаток в характере человека

Резкое изменение в поведении Долбоносова – абсурдно и одновременно комично. То, что он обращает внимание только на положение человека в обществе, а не на самого человека, является недостатком в характере главного героя. Такое мышление и поведение типичны для общества XIX-го века, в котором система рангов определяла статус человека в обществе и отношения между людьми.

заключение

Хотя такое поведение, конечно, связано с системой рангов, автор сильно критикует его, так как для него самое важное – личная свобода и достоинство. Использованные им стилистические приёмы подчёркивают его точку зрения.

Полезные слова и выражения

1. Введение

а) Название произведения и жанр б) Год и место публикации в) Имя автора г) Главная тема	см. *2. Передавать основное содержание текста (резюме)* (стр. 93)

д) Стилистические приёмы

- В данном рассказе стилистические приёмы играют главную (второстепенную) роль.
- В данном тексте есть очень много (мало) стилистических приёмов.
- В рассказе «…» используются несколько стилистических приёмов, типичных для жанра сатиры.

2. Главная часть: Литературные приёмы сатиры

а) Необычные имена (фамилии, названия), неологизмы

- Автор использует необычные имена, например, …
- Автор пользуется «говорящими» фамилиями, чтобы …
- В тексте есть много неологизмов, например, …
- Один из этих приёмов – необычные («говорящие») фамилии.

б) Преувеличение

- Преувеличение является одним из приёмов сатиры.
- Преувеличение – другой приём сатиры.
- В тексте можно найти несколько преувеличений.
- Рассказчик преувеличивает *что?*…
- Автор пользуется преувеличением, чтобы …
- *Что?* … преувеличено.

в) Описание абсурдных ситуаций

- Абсурдно то, что …
- … – абсурдно.
- Такого не может быть.
- Я не понимаю этого, это просто абсурдно.
- Это (поведение, мышление, событие) невероятно (непонятно, даже абсурдно).
- Это очень преувеличенно, особенно потому, что …

г) Ирония, комизм

- В данном тексте (рассказе, отрывке текста) можно найти несколько примеров иронии (комизма).
- Ирония в том, что …
- Это очень иронично (комично) потому, что …
- Как пример иронии (комизма) можно назвать следующее: *что?*…
- *Что?* … является иронией (комизмом).

д) Комическое изображение недостатков человеческого характера

- Поведение главного героя смешно (странно, непонятно, удивительно).
- То, что делает персонаж, очень странно.
- В поведении *кого?* … видна слабость (сила) его (её) характера.
- Очевидно, персонаж не знает, как поступить в этой ситуации.
- Он(а) молчит (врёт, смеётся, уходит), потому что …

е) Критика

- В данном тексте можно найти критику на *кого/что?* …
- В этом рассказе критикуется *кто/что?* …
- Автор критикует *кого/что?* …
- Намерение автора – критика *кого/чего?* …

3. Заключение

Оценка использования стилистических приёмов

- В рассказе автор использовал очень много (мало, несколько) стилистических приёмов, чтобы …
- Использованные автором стилистические приёмы подчёркивают его точку зрения.
- Стилистические приёмы подчёркивают *что?* (критикуют *кого/что?*)…

4. Составлять характеристику

Есть прямые (неопосредованные) и не прямые (опосредованные) характеристики.
Если рассказчик говорит читателю о характере героя и называет разные черты характера героя, то это – **прямая характеристика**.
Если читателю, исходя из поведения и мышления героя, самому нужно определить, какой у героя характер, или если рассказчик или другие персонажи текста комментируют поведение и высказывания героя – то это **непрямая характеристика**.
В рассказе Чехова *Вверх по лестнице* нет прямой характеристики, поэтому данная характеристика является примером непрямой характеристки.

введение

В рассказе Антона Павловича Чехова *Вверх по лестнице*, который был опубликован в 1885-м году, речь идёт о встрече двух людей и об их положении в обществе.

об одном герое

Долбоносов – провинциальный советник, значит, у него средне-низкий ранг в «Табели о рангах». Он не ожидает увидеть на вечере у князя Фингалова бывшего репетитора Щепоткина и расспрашивает его о карьере и о том, сколько денег он зарабатывает. Как и говорит его фамилия (Долбоносов – «долбить» и «нос»), он постоянно задаёт вопросы, и тем самым суёт свой нос не в свои дела. Можно сказать, что Долбоносов ведёт себя очень снисходительно. Он говорит «покровительственным тоном», перебивает Щепоткина, зевает и вообще считает себя намного важнее его («не как я»).

главная часть

Но в конце рассказа, когда он понимает, что бывший студент имеет связи с очень важным человеком, он очень удивлён и ведёт себя совсем по-другому и даже приглашает его к себе на обед. Изменение его поведения выражается и в его языке: в начале он только задаёт вопросы, а в конце он хихикает и говорит незаконченными предложениями.

Долбоносов – человек, который обращает внимание на ранг, а не на самого человека (он даже не помнит имя и отчество Щепоткина). Так как он считает себя довольно важным человеком, ему неинтересно говорить с людьми ниже по рангу. Может быть, он приглашает Щепоткина только потому, что тот часто бывает у Лодкина и потому, что он надеется, что через него сам может познакомиться с ним.

о другом герое

О втором главном герое рассказа – Петре Иваныче Щепоткине – можно сказать, что он отвечает на все вопросы Долбоносова, но неохотно рассказывает о своей жизни и карьере. Как говорит его фамилия, он даёт информацию о себе маленькими дозами.

Щепоткин – человек, который идёт «вверх по лестнице»: Он был студентом-юристом и репетитором детей Долбоносова, но сейчас служит чиновником и работает секретарём. Ещё он женат на племяннице статс-секретаря Лодкина, но не чувствует себя из-за всего этого важным.

Щепоткин не сильно меняет своё поведение – и изменение поведения Долбоносова в конце рассказа ему безразлично.

заключение

В рассказе ничего не сказано о внешнем виде главных героев. Поэтому можно предположить, что такая ситуация могла произойти с любым человеком, что она типична для общества XIX-го века, в котором система рангов определяла статус человека в обществе и отношения между людьми.

Полезные слова и выражения

1. Введение

а) Название произведения и жанр
б) Год и место публикации
в) Имя автора
г) Главная тема

см. *2. Передавать основное содержание текста (резюме)* (стр. 93)

д) Имя главного героя

- Героя произведения зовут …
- *Кто? (имя героя)* … является главным героем (главной героиней) романа (рассказа, повести).
- *Кто? (имена героев)*… являются главными героями рассказа.
- *Кто? (имя героя)* … занимает важное место в повествовании (рассказе).

2. Главная часть

а) Общая информация о герое (напр., возраст, профессия, семья)

- Персонажу… год (года, лет).
- Он(а) среднего возраста.
- Он(а) (очень) молодой (молодая), старый человек, ребёнок.
- Он(а) работает *кем?* …
- У него (неё) есть семья (родители, брат, сестра).
- У него (неё) нет семьи.

- Он(а) живёт сегодня (в наши дни, жил(а) в *каком?…* году).
- Он(а) живёт (работает) *где?…*

б) Внешний вид (напр., внешность, одежда, жестикуляция, мимика)
- У персонажа спортивная (идеальная, полная) фигура.
- Он(а) (человек) (не)высокого (среднего, маленького) роста.
- Персонаж выглядит *как?* (хорошо, плохо, устало).
- У главного героя (не)красивое (круглое) лицо.
- У персонажа голубые (тёмные, зелёные, добрые, умные, весёлые) глаза.
- У него (неё) маленький (большой, широкий, длинный) нос.
- У него (неё) тёмные (серые, светлые, длинные) волосы.
- У него лысина.
- Он(а) одет(а) *во что?…*
- Он(а) носит *что?…*
- Он(а) одевается элегантно (модно, плохо, безвкусно, богато, бедно).
- Он(а) много (мало) жестикулирует.
- Он(а) (постоянно, никогда не) улыбается.
- Он(а) смотрит (делает вид), как будто …
- У него (неё) весёлое (грустное) лицо.

в) Поведение и привычки персонажа
- Он(а) ведёт себя нормально (странно).
- Он(а) хороший (плохой, интересный, весёлый, простой, открытый, добрый, решительный, (не)организованный, дисциплинированный, (не)тактичный, смелый) человек.
- Его (Её) поведение можно объяснить тем, что …

г) Внутренний мир персонажа (напр., настроение, мысли, чувства)
- Он(а) чувствует себя хорошо (плохо, странно, (не)уверенно, (не)свободно).
- Ему (Ей) грустно (весело).
- Ему (Ей) очень интересно (важно) *что?…*
- Он(а) человек, который …

д) Персонаж и окружающее его общество
- В рассказе он(а) (не) (сильно) меняет своё поведение.
- Он(а) (не) развивается как личность.
- Он(а) (не) общается с другими людьми.
- Его/Её (не) интересует, что делают другие.

3. Заключение

а) Краткое резюме ваших взглядов
- Поведение главного героя типично (для общества XIX-го века).
- Персонаж рассказа – очень интересный (хороший, плохой) человек.
- Я (не) ожидал(а), что главный герой (главная героиня, главные герои) …

- Я считаю, что главный герой (главная героиня, главные герои) …
- Мне (не) нравится главный герой (главная героиня, главные герои), потому что …

б) Сравнение с другими персонажами

- Главный герой (Главная героиня, Главные герои) вёл (вела, вели) себя как *кто/что?* …
- Все персонажи в данном рассказе …
- Мне кажется, что главные герои (не) (очень) сильно отличаются друг от друга.
- На мой взгляд, у главных героев есть несколько (много, мало) сходств (различий).

5. Делать запись в дневнике (блоге)

Запись в дневнике, конечно, дело очень личное. Дневник пишут только для самого себя. То, что написано в дневнике, не читает никто другой.
Исключением является блог. В нём тоже пишут о событиях, впечатлениях и чувствах, но с самого начала ясно, что это могут читать все.
Совсем другое дело – это запись в дневнике, как упражнение в классе. Независимо от постановки задания (нужно ли вам написать в дневник от вашего имени или имени одного из героев или человека) понятно, что это будет читать учитель или учительница и одноклассники. Поэтому вам нужно включить характерные элементы записи в дневнике, но не обязательно раскрывать ваши чувства. Так как запись в дневнике – особый жанр текста, вы можете заранее подумать и, может быть, даже сделать заметки о том, что вы будете писать «в дневник».

Из дневника главного героя Долбоносова

Что случилось?

восклицания, чувства, мысли

Санкт-Петербург, 14.03.1885

День какой! Сегодня вечером я был на вечере у князя Фингалова. Пришёл – и поговорить было не с кем. Вдруг я увидел бывшего репетитора Вити и Саши и начал разговор с ним. Оказывается, что бедный студент стал важным человеком: работает здесь и там, зарабатывает нормально – и даже знаком с Лодкиным! На племяннице женился. Ужас! Какая несправедливость! Я давно уже хотел познакомиться со статс-генералом, много лет работаю, работаю – а у меня просто не получается. А этот – даже забыл как его зовут – женился и всё.

Как жаль, что я с репетитором так говорил в начале. Как только узнал, какой статус у него сейчас, пригласил к нам на обед. Никогда не знаешь, кто когда окажется полезным. Но я думаю, что он не сердится. Посмотрим, придёт ли он.

Советы

- Определите место и время записи в дневнике.
- Пишите от первого лица.
- Все события передаются от лица того, кто пишет в дневнике, это значит, что написанное не обязательно соответствует «объективной реальности».
- Используйте прошедшее время.
- Вспомните или придумайте чувства и мысли, вызванные или связанные с этим событием. Обычно в дневнике пишут только для самого себя о своих чувствах, идеях, мечтах. Поэтому запись в дневнике как упражнение в классе тоже должна включать высказывания об этих чувствах, мечтах и т. д.
- Сделайте заметки. (см. *1. Делать заметки, стр. 92*)
- Найдите интересное введение.
- Если вы пишите с точки зрения героя рассказа, найдите всю информацию о нём в тексте, чтобы узнать больше о чертах его характера и чувствах. Вы можете добавить информацию о нём, которой нет в тексте, но которая соответствует характеру этого персонажа.
- Включите интересные, необычные детали.
- используйте восклицания, которые подчёркивают ваши чувства или чувства человека, от лица которого вы пишете.

Полезные слова и выражения

1. Что случилось?

- Сегодня я был(а) *где?* (у *кого?*) …
- Вот что сегодня случилось: …
- Я встретила(а) *кого?*…, видел(а) *кого?*…, говорил(а) с *кем?*…
- Оказывается, что …
- Мне (не) удалось.
- У меня (не) получилось.
- Ясно, что …
- Дело в том, что …
- С одной стороны,…, с другой стороны, …
- Значит, …

2. Ваши чувства, идеи, мечты

- Какой сегодня день!
- Что за хороший (плохой, страшный, странный, весёлый) день!
- Ужас!
- Классно!
- Удивительное дело!
- Как хорошо, что …
- Клёво!

- Какая несправедливость!
- Как жаль, что …
- Я чувствую себя *как?* хорошо (плохо, странно).
- Мне грустно (весело).
- Я в восторге от *чего?* …
- Это произвело на меня большое впечатление.
- Я думаю, что …
- У меня есть идея: …
- Вот что я хочу сделать: …
- Я давно уже хотел(а) …
- Моя мечта – …

6. Написать сочинение

Задание/вопрос (тема сочинения): Ведут ли люди себя сегодня так, как вёл себя Долбоносов в рассказе А. П. Чехова *Вверх по лестнице*?

введение

Для того, чтобы ответить на данный вопрос, нужно сначала описать поведение и характер главного героя рассказа Антона Павловича Чехова *Вверх по лестнице*.

поведение героя

Долбоносов – провинциальный советник, значит, у него средне-низкий ранг в обществе. На вечере у князя Фингалова он неожиданно встречает бывшего репетитора Щепоткина и начинает расспрашивать его о карьере. Как говорит его фамилия (Долбоносов – «долбить» и «нос»), он постоянно задаёт вопросы и тем самым суёт свой нос не в свои дела. Можно сказать, что Долбоносов ведёт себя очень снисходительно. Он говорит «покровительственным тоном», перебивает Щепоткина, зевает и вообще считает себя намного важнее его («не как я»).

главная часть

Но в конце рассказа, когда он понимает, что бывший студент имеет связи с очень важным человеком, он очень удивляется и начинает вести себя совсем по-другому и даже приглашает бывшего репетитора к себе на обед. Изменение его поведения выражается и в его языке: в начале он только задаёт вопросы, а в конце он хихикает и говорит незаконченными предложениями.

Долбоносов – человек, который обращает внимание на ранг, а не на самого человека (он даже не помнит имя и отчество Щепоткина). Так как он считает себя довольно важным человеком, ему неинтересно говорить с людьми ниже по рангу. Может быть, он приглашает Щепоткина только потому, что тот часто бывает у Лодкина и потому, что он надеется, что через него сам может познакомиться с ним.

ответ на вопрос

Главные качества Долбоносова, которые определяют его поведение - это уважение не к самому человеку, а к его статусу в обществе, и заискивание с целью получить какие-то преимущества для себя. Мне кажется, эти качества часто можно наблюдать и сегодня.

Как пример можно привести уважительное отношение людей к известным персонам. Молодые люди уважают, например, поп-звёзд, а пожилые люди – представителей дворянства, хотя они лично не знают этих людей. Значит, они уважают статус человека в обществе, а не самого человека. Они всё хотят о них узнать, покупают много журналов, в которых о них написано, и много люди готовы почти на всё, чтобы с ними встретиться.
Многие люди часто ведут себя неестественно, когда хотят чего-нибудь добиться. Они делают что-то не потому, что они этого желают, а потому что такое поведение – путь к успеху. Например, поздороваться с учителем – нормальное поведение, носить его сумку – уже заискивание. Наверное, ученику нужна хорошая оценка.
В заключение можно сказать, что хотя с тех пор, как Чехов опубликовал свой рассказ, прошло более 125 лет, поведение, подобное поведению Долбоносова, можно наблюдать и сегодня. Хотя у нас сегодня другая общественная система, такое поведение часто встречается. Описанные Чеховым явления, очевидно, вечно живут в человеке.

заключение

Полезные слова и выражения

1. Введение

а) Название темы (цитаты, высказывания, тезиса, вопроса)

- Я цитирую *кого/что?* …
- *Кто?* … говорит, что …
- В тексте написано, что …
- Вопрос в том, …
- *(Название темы, цитаты, высказывания, тезиса, вопроса)* … – это так?

б) Общая информация о теме (об авторе, о времени)

- Это главная (важная, постоянная) тема автора.
- Данное высказывание – типично для автора.
- Многие писатели задавали этот вопрос в своих произведениях.
- На этот вопрос очень трудно ответить.
- Это очень интересный (важный, необычный) тезис.
- Сначала нужно выяснить следующее: …
- Для того, чтобы ответить на данный вопрос, нужно сначала …

2. Главная часть

а) Объяснение темы (цитаты, высказывания, тезиса, вопроса)

- Это можно объяснить так: …
- Я так понимаю цитату (высказывание, тезис, вопрос): …
- Мы видим, что …
- Ясно (понятно), что …

- Мне кажется, что …
- Мне трудно объяснить цитату (высказывание, тезис, вопрос), потому что …
- …, наверное, …
- Значит, …
- Также …

б) Обоснования, факты, примеры

- Как показывают факты (примеры), …
- Это объясняется следующими фактами: …
- Факт (Дело) в том, что …
- Вот несколько примеров: …
- …, например, …
- Как пример можно привести …
- Важно (стоит заметить, ещё можно сказать), что …
- С одной стороны,…, с другой стороны, …
- Как уже было сказано (выше), …
- Значит, …
- Хотя …
- Так как …
- …, потому что …
- Поэтому …
- Во-первых, …
- Во-вторых, …
- В-третьих, …

Порядок аргументов

⇩	⇩
за – против	за
за – против	за
за – против	за
	против
	против
	против

3. Заключение

а) Оценка темы (цитаты, высказывания, тезиса, аргументов)

- В заключение можно сказать, что …
- На этот вопрос трудно найти ответ, но я считаю, что …
- (В принципе) это (не)правильно (, но) …

б) Выводы

- Вот почему …
- Таким образом, …
- Очевидно …
- Мы видим, что …
- Становится ясно, что …

в) Личное мнение

- Я согласен (согласна) с цитатой (высказыванием, тезисом).
- Я считаю (думаю), что …
- По-моему, это очень важный (интересный, серьёзный) вопрос (тезис).

Внимание

в заключени<u>е</u> *Akk.* –
zum Schluss, abschließend

в заключени<u>и</u> *Präp.* –
im Schlussteil

7. Разыгрывать роли (сценку)

Задание (описание ролей):
Вы – участники конференции на тему *Туризм на Байкале – плюсы и минусы*.

Роль 1:
Вы – представитель большой туристической фирмы, которая планирует построить большую зону отдыха около озера Байкала. Вы считаете, что туризм очень важен для экономического развития региона. Экотуризм в принципе хорошее дело, но слишком дорогое.

Роль 2:
Вы – представитель неправительственной экологической организации. Вы согласны, что туризм очень важен для региона, но тем не менее он тоже опасен для природы. Большие зоны отдыха разрушают жизненное пространство многих редких животных и растений. Поэтому Вы хотите развивать экологический туризм. Но для этого Вам нужна финансовая помощь.

Роль 1:
– туризм важен для региона: много рабочих мест; больше туристов => больше денег, напр., для школ
– туризм для природы лучше, чем промышленность
...

Роль 2:
– туризм: хорошо, но и опасно
– больше туристов => меньше места для редких животных
– экотуризм не мешает природе; помогает жителям защищать природу
...

Шаги

1. Если не указано в задании, определите, какую сценку вы хотите разыграть.
   Найдите интересную тему или сцену (в тексте), которую можно хорошо поставить.

2. Распределите роли. Кто будет что, где и когда делать. Не забудьте о жестах и мимике!
   Если не хватает ролей для каждого в группе, подумайте о других возможностях:
   деление роли, дополнительный персонаж, реквизит.

3. Напишите текст для каждой роли.
   1) для дискуссии:
   - Сделайте заметки о важных аргументах и примерах из вашей роли и напишите их на карточках. (см. *1. Делать заметки*, стр. 92)
   - Выучите текст роли. Используйте выражения для обоснования вашего мнения (см. *15. Высказывать и обосновывать мнение*, стр. 133)

   2) для сценки:
   - Напишите текст на карточках и, если возможно, выучите текст вашей роли.

4. Репетируйте. Спросите о возможности репетировать в другой комнате.

8. Описывать и анализировать картину

Время создания: 1899 год

Размер: 116 x 80 см

Материалы: холст, масло

Место нахождения:

Третьяковская галерея, Москва

Художник: Ви́ктор Васнецо́в

Название картины: *Снегу́рочка*

общие данные и создание картины

Картина *Снегурочка* написана известным русским художником Виктором Васнецовым в конце XIX-го века, в 1899-м году. Картина находится в Третьяковской галерее. Картина написана маслом на холсте. Размер картины – 116 на 80 сантиметров.

композиция картины

В центре картины мы видим девушку. Название картины прямо говорит, что это Снегурочка - внучка Деда Мороза, персонаж русских сказок. Художник создал типичный образ Снегурочки: она одета в тёплое длинное пальто и шапку. На переднем плане – три маленькие ёлочки, а на заднем плане слева –тоже деревья, но мы не знаем какие, так как художник использовал здесь только тёмные краски. Наверное, на заднем плане справа, нарисована деревня: мы видим огоньки, которые похожи на свет в окнах домов. Время года – зима. Лежит снег. Ночь. Небо тёмное, сине-зёленого цвета, а на небе видно несколько звёздочек. Для изображения девушки и снега художник использовал светлые краски. Всё остальное написано тёмными красками.

интерпретация картины

С одной стороны, картина передаёт настроение одиночества. Мы видим девушку, которая одна ночью идёт по зимнему лесу. Но с другой стороны, это не грустная картина, наверное, потому, что художник использовал для большей части картины очень светлые краски.

впечатления от картины

Картина Васнецова *Снегурочка* мне очень нравится.

Полезные слова и выражения

1. Общие данные картины

К.С. Петро́в-Во́дкин, *Черёмуха в стакане* (1932), Русский музей, Санкт-Петербург

- Картина, которую я хочу описать, называется …
- Автор картины – *кто?*…
- Картина была написана *кем?*…
  - ~ (не)известным русским художником (известной русской художницей) …
- Автор картины – художник-портретист (пейзажист, представитель русского реализма).
- Портрет был нарисован *когда?*…
  - ~ в начале (конце) прошлого (XIX-го, …) века.
  - ~ в 1899-м году.
- Картина висит *где?*…
  - ~ в галерее (музее) …
- Я увидел(а) эту картину (этот портрет) *когда? где?*…
  - ~ первый раз (в 2010-м году) в галерее (в журнале) …

2. Создание картины

- Художник (Художница) написал(а) картину маслом на холсте (акварелью, тушью, карандашом).
- Размер картины – …

3. Композиция картины

- В центре картины находится (находятся) *кто/что?*…
- Центральное место в картине занимает *кто/что?*…
- На переднем плане – *кто/что?*…
- На заднем плане картины мы видим *кого/что?*…
- В левой (правой) части картины мы видим *кого/что?*…
- Художник написал картину яркими (пастельными, холодными, тёплыми, светлыми) красками.
- Автор картины использовал в основном тёмные (светлые) краски.

4. Интерпретация картины

- Художник (Художница) передаёт
  - ~ настроение *какое?*…
  - ~ чувство *чего?*…
  - ~ характер *кого/ чего?*…
- Он(а) создал(а) образ *кого/чего?*…
- Художник (Художница) выражает свои мысли о *чём?*…

5. Впечатления от картины

- Мне нравится картина, потому что …
- Картина создаёт радостное (весёлое, грустное) настроение.
- Картина вызывает чувство радости (счастья, грусти, одиночества, удивления).
- Она производит на меня сильное (приятное) впечатление.

9. Описывать и анализировать карикатуру

На карикатуре изображены школьники. Они сидят перед компьютерами. Учительница держит в правой руке книгу и говорит: «Это книга».
По выражению лиц учеников можно заметить, что они удивлены. Люди на этой карикатуре, их жесты и мимика изображены преувеличено.

описание карикатуры

Можно по-разному интерпретировать эту карикатуру. С одной стороны, она показывает современное общество, в котором молодое поколение не знает, что такое книга, так как воспринимает всю информацию в электронном виде. С другой стороны, эта карикатура также может являться критикой развития сегодняшнего общества, в котором компьютер заменяет образование и социальные контакты, реальную жизнь. Учитель, который представляет старое поколение и школьную систему, пытается объяснить классу смысл и ценность образования в форме книги.
В нашем обществе компьютер играет очень важную роль для большинства людей, поэтому совершенно не удивляет, что и детский мир развивается в том же направлении. Молодёжь на компьютере слушает музыку, смотрит фильмы, играет в компьютерные игры, даже ест перед компьютером; т. е. она проводит бóльшую часть своего свободного времени не в реальном мире и не с книгой в руке.

интерпретация карикатуры

Я думаю, что данная карикатура смешная. То, что она изображает – ещё не действительность, но нужно подумать о том, какое место в нашей жизни должны занимать техника и образование, и как мы проводим своё свободное время.

оценка карикатуры

Полезные слова и выражения

1. Описание карикатуры

а) Общие данные о карикатуре[2]

- Карикатура называется …
- Название карикатуры – …
- Она нарисована *кем?* …
- Данную карикатуру нарисовал(а) *кто?* …
- Автор карикатуры – *кто?* …
- Данная карикатура была опубликована *где?*
  - ~ в России (в Москве),
  - ~ в журнале (газете) …
- Карикатура была опубликована *когда?* …
  - ~ в XX-м веке (в 2011-м году).
  - ~ недавно.
  - ~ один день (месяц, одну неделю) тому назад.

б) Тема карикатуры

- На карикатуре изображён (изображена, изображено) *кто/что?* …
- Данная карикатура – на тему *чего?* …
- Тема данной карикатуры – …
- Люди, изображённые на карикатуре, делают *что?* (занимаются *чем?*) …
- На карикатуре происходит следующее: …

в) Композиция карикатуры

- В центре карикатуры изображён (изображена, изображено) *кто/что?* …
- В центре карикатуры находится (находятся) *кто/что?* …
- На переднем (заднем) плане карикатуры можно видеть (мы видим) *кого/что?* …
- В левой (правой) части карикатуры – *кто/что?* …
- Центральное место на этой карикатуре занимает *кто/что?* …

г) Особенности изображения

- Изображение (не)реалистично.
- Автор карикатуры использовал(а) *какие?* … краски.
  - ~ яркие (светлые, тёмные)
- В карикатуре создаётся комический эффект.
- Особенность данной карикатуры заключается в том, что …

2 в самом начале или в самом конце (или во второй части, если эта информация помогает интерпретировать карикатуру)

2. Интерпретация карикатуры

а) Тема карикатуры

- Данная карикатура – на тему *чего?* …
- Тема данной карикатуры – …

б) Объяснение карикатуры

- Данную карикатуру можно объяснить так: …
- О теме карикатуры мы знаем, что …
- Я так понимаю карикатуру: …
- Мне кажется, что автор карикатуры передаёт
    - ~ настроение *какое?* …
    - ~ чувство *чего?* …
    - ~ характер *кого/ чего?* …
- Он(а) создал(а) образ *кого/чего?* …
- Карикатурист (Карикатуристка) выражает свои мысли о *чём?* …

3. Оценка карикатуры

а) Критика

- В карикатуре критикуют *кого/что?* …
- Карикатура – критика *кого/чего?* …
- Автор карикатуры критикует *кого/что?* …
- По-моему, критика данной карикатуры состоит и в том, что …
- В данной карикатуре критикуется *кто/что?* …

б) Личное мнение

- Я считаю, что карикатура (очень) хорошо (плохо) удалась.
- Данная карикатура (очень) хорошо (плохо, интересно, необычно) нарисована.
- По-моему, автору карикатуры удалась критика *кого/чего?* …
- О теме карикатуры я думаю следующее: …
- Мне нравится карикатура, потому что …

10. Анализировать стихотворение

Не криви́[1] улы́бку, ру́ки теребя́[2],–
Я люблю́ другу́ю, то́лько не тебя́.

Ты сама́ ведь зна́ешь, зна́ешь хорошо́ –
Не тебя́ я ви́жу, не к тебе́ пришёл.

Проходи́л я ми́мо, се́рдцу всё равно́ –
Про́сто захоте́лось загляну́ть в окно́.

С. А. Есе́нин, 1925 г.

1 кривить uv. – verziehen, schief machen
2 теребить uv. – *hier:* zupfen

введение

Данное стихотворение о любви было написано известным русским поэтом Сергеем Александровичем Есениным в 1925-м году. У стихотворения нет названия.

анализ текста

Оно состоит из трёх строф, каждая из которых, в свою очередь, состоит из двух строк. В первой и третьей строфе присутствует парная рифма, во второй строфе неточная рифма.

главная часть

В данном тексте автор использует несколько стилистических приёмов, например, приём аллитерации (ст. 5, 6), которая соединяет слова и строки на звуковом фоне и на смысловом уровне. Анафора в четвёртой строке подчёркивает важность её содержания для всего стихотворения. Можно сказать, что несколько строк построены на антитезе (ст. 2, 4).

интерпретация

В произведении лирический герой обращается к любящей его женщине, к её чувствам, на которые он не может ответить. Он пытается объяснить ей своё безразличие по отношению к ней и отсутствие каких-либо нежных чувств, так как он любит другую.
Автор произведения – С. А. Есенин – известен не только своими великолепными стихами, но и своим образом жизни: у него было очень много женщин. Можно предположить, что в данном стихотворении присутствуют автобиографические элементы.
Поэтому можно сказать, что в этом стихотворении лирическое Я – романтический герой – совпадает с самим автором.

заключение

Мне кажется, что данное стихотворение и сегодня актуально. Любовная лирика никогда не теряет своей актуальности, так как любовь – это чувство, которое существует всегда.
Данное стихотворение производит на меня сильное впечатление, но оставляет не очень приятное чувство.

Полезные слова и выражения

1. *Введение*

Мои́м стиха́м, напи́санным так ра́но,
Что и не зна́ла я, что я – поэ́т,
Сорва́вшимся, как бры́зги из фонта́на,
Как и́скры из раке́т,

Ворва́вшимся, как ма́ленькие че́рти,
В святи́лище, где сон и фимиа́м,
Мои́м стиха́м о ю́ности и сме́рти,
– Нечи́танным стиха́м!

Разбро́санным в пыли́ по магази́нам
(Где их никто́ не брал и не берёт!),
Мои́м стиха́м, как драгоце́нным ви́нам,
Наста́нет свой черёд.

М. И. Цвета́ева, 1913 г.

а) Название стихотворения

- Стихотворение «…» …
- Данное стихотворение называется …
- Название данного стихотворения – …
- У данного стихотворения нет названия.

б) Имя автора

- Автор (данного, этого) стихотворения – …
- *Кто?*… написал стихотворение …
- Автором произведения является *кто?*…

в) Год и место публикации

- Стихотворение было опубликовано в *каком году?*…
- Оно было опубликовано *где?* в журнале (газете, …).

г) Главная тема

- В данном (этом) стихотворении речь идёт о *ком/чём?*…
- Это стихотворение о *ком/чём?*…
- Тема стихотворения «…» – …
- Главной темой этого стихотворения является *что?*…

2. *Главная часть*

I. Анализ текста

а) Форма

- Данное стихотворение состоит из двух (трёх, четырёх) строф.
- Строфа стихотворения состоит из двух (трёх, четырёх) строк.

б) Рифмовка

- Данное стихотворение (не) рифмуется.
- Рифмовка стихотворения – ааббвв.
- Это … рифма.
  - ~ перекрёстная (абаб)
  - ~ охватная (абба)
  - ~ парная (аабб)
  - ~ неточная

в) Стилистические приёмы

- В данном стихотворении можно найти несколько стилистических приёмов.
- В этом стихотворении много метафор (аллитераций, анафор, персонификаций, сравнений).
- Одним из стилистических приёмов в стихотворении является *что?* …

г) Особенности

- У данного стихотворения следующая особенность (следующие особенности): …
- Удивительно, что в стихотворении…

II. Интерпретация

а) Краткое содержание

- В данном (этом) стихотворении речь идёт о *ком/чём?* …
- В стихотворении *кто?* … делает (говорит) *что?* …
- В произведении лирическое Я (лирический герой) обращается к *кому?* (делает *что?*) …

б) Интерпретация на базе знаний об авторе и эпохе

- Стихотворение можно понять так: …
- Смысл стихотворения заключается в том, что …
- В стихотворении *что?* … является символом *чего?* …
- Стихотворение критикует *кого/что?* …
- Так как автор данного стихотворения …
- Можно предположить, что в данном стихотворении присутствуют автобиографические аспекты.
- Как известно, в эпоху *чего?* реализма (романтизма) …
- Во время публикации стихотворения …
- Когда стихотворение было опубликовано, в России (Германии) …

3. Заключение

а) Выводы

- В заключение можно сказать, что …
- Можно прийти к следующим выводам: …
- Из этого следует, что …

Внимание

в заключени<u>е</u> *Akk.* –
zum Schluss, abschließend

в заключени<u>и</u> *Präp.* –
im Schlussteil

б) Связь с настоящим временем

- Тема стихотворения и сегодня актуальна.
- Тема стихотворения – (не) (очень) интересная (актуальная, важная).

в) Личное мнение

- На мой взгляд, (не)хорошо (плохо), что …
- Мне (не) (очень) нравится, что …
- Мне кажется, *что?* … (не) (очень) хорошо удалось.
- Данное стихотворение производит на меня сильное впечатление.
- Оно оставляет (не очень) приятное чувство.
- Я (не) думаю (считаю), что …

11. Анализировать песню

Песню *Я то, что надо* поют в кинофильме *Стиляги* (см. *14. Анализировать фильм*, стр. 121)

Я то, что на́до

Ты
С высоты́
Красоты́ свое́й меня́ не замеча́ешь.
Но я смогу́ сде́лать так,
Что ты меня́ ещё узна́ешь.

Припев:
Пуска́й сего́дня я никто́,
И пусть твердя́т тебе́, что я не то,
Но! Дай мне э́тот день,
Дай мне э́ту ночь,
Дай мне хоть оди́н шанс -
И ты поймёшь:
Я то, что на́до.
Дай мне э́тот день,
Дай мне э́ту ночь,
Дай мне хоть оди́н шанс -
Ты не уснёшь,
Пока́ я ря́дом.

Кадр из фильма *Стиляги*

Эй,
Пожале́й,
Что таки́х парне́й ты ра́ньше не
встреча́ла.
Но
Для тебя́
Изменю́ себя́ и все начну́ снача́ла.

Припев

Автор музыки: Вале́рий Сю́ткин
Автор слов: О́льга Ципеню́к (по тексту *Валерия Сюткина)*
Исполнитель: Анто́н Ша́гин

введение

Слова и музыка к песне *Я то, что надо* были написаны заслуженным русским певцом и музыкантом Валерием Сюткиным. В фильме *Стиляги* (2008 г.) эту песню исполняет Антон Шагин. Песню можно отнести к жанру джаза.

анализ текста

главная часть

В тексте песни парень пытается убедить девушку дать ему шанс доказать ей, что он для неё как раз «то, что надо», то есть самый лучший. В фильме песня используется, чтобы показать чувства главного героя, который влюбился в красивую девушку-стилягу. Песня состоит из двух куплетов и припева, который поётся два раза, после каждого куплета, и вторая половина куплета повторяется вновь после соло.

анализ мелодии

Поскольку в песне мало текста, главную роль играет музыка. Рифмовка текста регулярна и не меняется. Мелодия песни имеет элементы джаза. Главные инструменты – контрабас, электрогитара, саксофон. Песню поёт солист. Куплеты восновном играются тихо, а в припеве громкость нарастает. После второго припева играется соло на саксофоне, после чего вторая половина куплета повторяется и песня оканчивается джазовым аккордом.

По-моему, песня отлично подходит к фильму. Во-первых, она очень хорошо ухватывает и передаёт чувства главного персонажа, а, во-вторых, она прекрасно подходит к имиджу стиляг, которые любили джаз, так как он был частью американской культуры, которая была основой для движения стиляг. заключение

Полезные слова и выражения

1. Введение

а) Название песни

- Данная песня называется …
- Название данной песни – …

б) Имя автора (композитора, исполнителя)

- Автор (данной, этой) песни – …
- *Кто?*… написал песню….
- Композитором песни является *кто?*…
- *Кто?*… написал (сочинил) слова (музыку) к песне …
- … в исполнении *кого?*…

в) Выход в свет (год, место)

- Песня была написана в *каком году?*…
- Песня вышла в свет в *каком году?*…
- Она включена *куда?*...
  - в новый альбом группы …
  - в саунд-трек к фильму …

г) Главная тема

- В данной (этой) песне речь идёт о *ком/чём?*…
- Эта песня о *ком/чём?*…
- Тема песни – …
- Главной темой этой песни является *что?*…

2. Главная часть

I. Анализ текста песни

а) Краткое содержание

- В данной (этой) песне речь идёт о *ком/чём?*…
- В песне *кто?*… делает (говорит) *что?*…

б) Интерпретация песни

- Песню можно понять так: …
- Смысл песни заключается в том, что …
- В песне *что?*… является символом *чего?*…
- Песня критикует *кого/что?*...
- Намерение автора песни – …
- Так как автор данной песни …
- Когда песня появилась, …

в) Форма

- Данная песня состоит из двух (трёх, четырёх) куплетов.
- У данной песни есть припев (нет припева).
- Куплет (припев) песни состоит из двух (трёх, четырёх) строк.

г) Рифмовка

- Данная песня (не) рифмуется.
- Рифмовка песни – ааббвв.
- Это перекрёстная (абаб) (охватная (абба), парная (ааббб)) рифма.

д) Стилистические приёмы

- В данной песне можно найти несколько стилистических приёмов.
- В этой песне много метафор (аллитераций, анафор, персонификаций, сравнений).
- Одним из стилистических приёмов в песне является *что?* …

е) Особенности

- У данной песни следующая особенность (следующие особенности): …
- Удивительно, что в песне …

II. Анализ мелодии песни

- Музыка живая (медленная, монотонная, разнообразная) … .
- Мелодия (ритм) песни (не) подходит к словам (подчёркивает текст, смысл) песни.
- Мелодия песни имеет элементы *чего?* джаза.
- Мелодия в основном играется на *чём?*…
    - ~ контрабасе (электрогитаре, саксофоне).
- Настроение песни – …
- Эту песню поют (исполняют) мужчина и женщина.
- Песню поёт солист (солистка).
- Мелодию песни исполняют много (несколько) музыкантов.
- Песня относится к жанру джаз- (поп-, рэп-, классической) музыки.
- Соло играется на *чём?*…
    - ~ контрабасе (электрогитаре, барабане, саксофоне).
- Припев поётся два (три, четыре) раза.
- *Что?* … играется тихо (громко).

3. Заключение

а) Основные знания о песне

- Тема песни – (не) (очень) интересная (актуальная, важная).
- Эту песню сейчас часто играют по радио (на MTV).
- Скоро будет концерт этой группы (этого исполнителя).

б) Личное мнение

- На мой взгляд, (не)хорошо (плохо), что …
- Мне (не) (очень) нравится, что …
- Мне кажется, *что?* … (не) (очень) хорошо удалось (удался, удалась, удались), потому что …
- Данная песня производит на меня сильное впечатление, потому что …
- По-моему, …
- Я (не) думаю (считаю), что … , потому что …

12. Анализировать фильм

Анализ отрывка *Стиляги – Ты Любишь Буги-Вуги?*
из фильма *Стиляги* (Россия, 2008 г.)
режиссёр: Валерий Тодоровский
1:59 м.
ссылка: youtube

введение

В отрывке из российского кинофильма 2008-го года *Стиляги* режиссёра Валерия Тодоровского «Ты любишь буги-вуги» речь идёт о том, как правильно танцевать этот танец.

интерпретация | главная часть

Действие происходит в Москве в конце 50-х годов дома у одного молодого человека, который очень хорошо танцует. Он хочет научить другого танцевать буги-вуги и рассказывает ему о разных стилях танца, но другому теория не интересна. Сначала он – робкий, стеснительный парень – не знает как двигаться, хотя он спортсмен. Но, как говорит его друг, здесь не нужно «сильнее, быстрее, выше»; в буги-вуги самое главное – это «драйв и энергия».

В конце отрывка из фильма они танцуют по всей квартире. Но когда неожиданно появляются родители молодого человека, то они – и музыка – останавливаются.

Наверное, тот парень, который хорошо умеет танцевать и у которого необычная причёска, – стиляга, и другой хочет научиться у него танцевать и тоже стать стилягой. Родители, как представители советской системы, мешают им. Было бы интересно посмотреть, какова их реакция на поведение молодых людей.

эффекты

Музыка играет очень большую роль в этом отрывке и, наверное, во всём фильме *Стиляги*. В песне «Буги-вуги каждый день», под которую они танцуют, речь идёт о том, как танцевать этот танец.

В начале песни описывается, какие ошибки, танцуя, не следует делать, а потом, как нужно танцевать; песня – короткая инструкция.

заключение

Мне нравится этот отрывок из фильма *Стиляги*. Я хотел(а) бы посмотреть весь фильм.

Шаги

Ответьте на следующие вопросы и сделайте заметки (см. *1. Делать заметки*, стр. 92)

1. До просмотра фильма

– Посмотрите (если возможно) на плакат к фильму. Как вы думаете, о чём идёт речь в этом фильме?
– Выясните главные слова названия фильма.
– Как вы думаете, что является главной тематикой фильма?
– Как вы думаете, к какому жанру можно отнести этот фильм?

2. Во время просмотра фильма

– О чём идёт речь?
– Что является главной тематикой фильма?
– Где и когда происходит действие?
– Кто действующие лица (главные герои)? Что можно узнать о них?
– Как можно охарактеризовать главных героев?
  - общая информация о герое (например: возраст, профессия, семья, время, место …)
  - внешний вид (например: внешность, одежда, жестикуляция, мимика)
  - поведение (привычки) персонажа (например: Как он себя ведёт? Как его описывают другие люди?)
  - внутренний мир персонажа (например: его мысли, чувства)
  - персонаж в окружающем его обществе (Какие отношения с другими героями имеет персонаж? Как развивается персонаж под влиянием его круга знакомых?)
– С какой перспективы показано действие?
– Какую роль играет музыка?
– К какому жанру можно отнести этот фильм?
– К кому обращён этот фильм?
– Что критикуется в фильме?

3. После просмотра фильма

– Были ли у вас правильные предположения? Можете ли вы сейчас ответить лучше?
– Что вы думаете о названии фильма? Подходит ли оно к самому фильму? Почему?
– Что нового вы узнали?
– Найдите информацию обо всём фильме.
  - О чём идёт речь в целом в фильме?
  - В чём основная мысль фильма?
  - Получил ли фильм какие-либо призы?
– Кто режиссёр фильма и что известно о нём?
– Что вам показалось интересным (скучным)?
– Что вам понравилось в фильме, а что – нет?
– Кто понравился вам больше всего? Кто не очень? Почему?

Полезные слова и выражения

а) Жанр фильма

- Данный фильм – комедия (трагедия, драма, фильм ужасов, боевик).
- Фильм «…» является художественным (документальным, музыкальным, короткометражным) фильмом.
- Этот фильм – мюзикл (мультфильм).
- Это сериал.

б) Участники

- *Кто?…* – известный русский режиссёр (актёр, композитор).
- Режиссёром (Актёром, Продюсером) данного фильма является *кто?…*
- В роли *кого?…* – знаменитый актёр …
- Главную роль играет (Главные роли играют) *кто?…*
- В главной роли снимался (снималась) *кто?…*
- В главных ролях снимались *кто?…*
- В фильме играют (известные актёры) *кто?…*
- Музыку к фильму написал(а) *кто?…*

в) Сценарий

- В данном фильме речь идёт о *ком/чём?…*
- Это фильм о *ком/чём?…*
- Главной темой этого фильма является *что?…*
- Действие фильма происходит *где?/когда?…*
- Место действия – *что?…* (город, вокзал).
- Во многих сценах показаны *кто/что?…*

г) Эффекты

- В фильме используются звуковые (цветовые) эффекты.
- В этом фильме много (мало, несколько) спецэффектов.
- Музыка играет (не) очень большую (значительную) роль в этом фильме.
- О музыке в данном фильме можно сказать, что …
- О реквизите, который используется в фильме, можно сказать, что …

д) Зритель

- Я видел(а) этот фильм впервые *где?/когда?…*
- Фильм показывали в кино (по телевидению).
- Этот фильм мне (не) (очень) понравился.
- Фильм произвёл на меня сильное впечатление.
- Я ещё раз посмотрел(а) бы этот фильм.
- Фильм не произвёл на меня впечатления.
- Я советую посмотреть этот фильм.
- Фильм есть на DVD.

13. Анализировать статистику

В каком спортивном кружке вы хотели бы заниматься?
(учебный год 2011–2012)
(% от тех, кто хочет участвовать, возможен только один ответ)

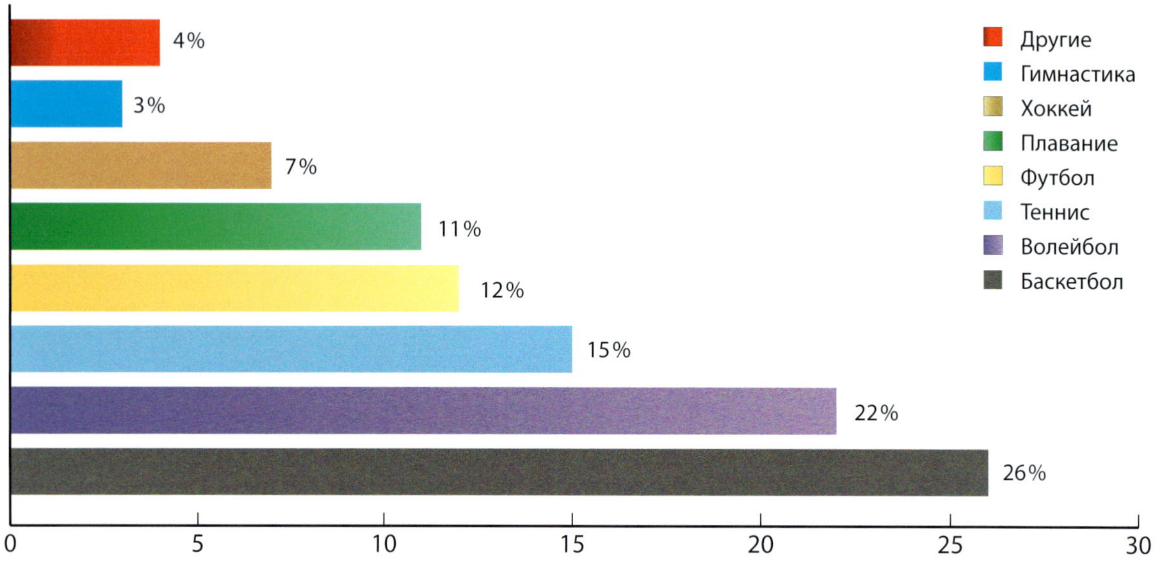

опубликована на интернет-сайте гимназии им. Вильштэттера в Нюрнберге, 01.10.2011

введение

*В гимназии им. Вильштэттера в Нюрнберге в учебном году 2011/2012 хотят создать спортивный кружок. Поэтому учеников спросили, каким видом спорта они интересуются.

форма статистики

Статистика была опубликована в начале учебного года на интернет-сайте школы. Данная статистика представлена в форме столбчатой диаграммы. Указано, что возможен только один ответ.

главная часть

Данный опрос учитывает ответы лишь тех, кто выразил желание участвовать в каком-либо кружке.
О тех, кто не хочет заниматься спортом в школьном кружке, в статистике ничего не сказано.

описание и объяснение статистики

Из статистических данных видно, что 26 процентов хотели бы играть в баскетбол, 22 процента в волейбол, 15 процентов в теннис и 12 процентов в футбол. Плаванием интересуются только на один процент меньше – 11 процентов. 7 процентов хотели бы играть в хоккей. Только три процента хотели бы заниматься гимнастикой. Четыре процента хотели бы тренироваться в других спортивных кружках.

выводы

Можно сказать, что в этой гимназии очень популярны командные вида спорта с мячом. Наверное, в этом учебном году откроется новый баскетбольный кружок.

Полезные слова и выражения

1. Общие данные о статистике

а) Главная тема статистики

- Данная статистика показывает результаты опроса *кого?*… на тему *чего?*…
- Статистические данные показывают, что …
- Это статистика о *чём?*…

б) Данные о публикации

- Статистика была опубликована *где?*…
  - ~ в газете (в журнале, на интернет-сайте) …
- Данная статистика была опубликована *когда?*…
  - ~ сегодня (вчера, восьмого декабря).
  - ~ в этом (прошлом) году ((не)давно).
- Статистика была составлена *кем?*…
  - ~ известным институтом (фирмой, университетом им. …, департаментом *чего?…).*

2. Форма статистики

- Статистические данные представлены в форме *чего?*…
  - ~ таблицы (графика).
  - ~ столбчатой (круговой) диаграммы.
- Указано, что …
- Красным цветом обозначен(ы) *кто/чего?*…

Вспомните

25 % = двадцать пять процентов

22,3 % = двадцать два и три десятых процента

1/3 = одна треть

> 50 % = больше половины

3. Описание и объяснение статистики

- Из статистических данных видно, что …
- Статистика показывает, что 25 % *кого/чего?*…
- О тех, кто …, в статистике сказано, что …
- Только на один процент (два, три процента) меньше (больше) …

4. Выводы

- Из статистического материала следует, что …
- Бóльшая (Меньшая) часть *кого/чего?*…
  - ~ респондентов (людей, населения) думает, что …
  - ~ молодых (пожилых) людей думает, что …
  - ~ школьников (студентов, родителей) думает, что …
- Можно сказать, что (примерно) половина (большинство) людей считает, что …
- Почти все хотят (желают) *чего?*…
- Почти никто не хочет (желает) *чего?*…
- Все согласны (никто не согласен) с *кем/чем?*…

14. Написать письмо (e-mail)

1) Официальное (Деловое) письмо

ОАО «Центральный универсальный магазин»
420234 г. Казань,
ул. Санкт-Петербургская, 2

получатель:
(*кому?* ответственный (ФИО[1])), название фирмы (организации, учреждения), её (его) адрес

Ступин А. С.
420234, г. Казань
ул. Чистопольская, 56
Тел.: (843) 527-80-72

отправитель:
ФИО[1] и адрес, телефон (и e-mail)

Казань, 11 января 2012

место, дата

Уважаемые господа,

приветствие и обращение

я был постоянным клиентом ЦУМа в течение шести лет. Я всегда с удовольствием делал покупки в вашем магазине. Недавно я купил мобильный телефон и был очень разочарован конструкцией прибора. Телефон неудобен в обращении и его трудно настраивать.
[…]
Надеюсь на скорейший ответ.

С уважением,
Ступин А. С.

заключительная форма вежливости и подпись

1 фамилия, имя, отчество

Полезные слова и выражения

1. Вступительная часта письма

а) Название места, дата

- Москва, 25 ноября 2011
- Нюрнберг, 11/01/11 (число/месяц/год)

б) Название организации и её адрес

- ОАО …, Департамент …
- Россия, 117996, г. Москва, ул. Сивашская, 15, стр. 2
- Уважаемый Михаил Васильевич, …

в) Приветствие и обращение

- Уважаемые господа, …
- Дорогая Ирина Михайловна, …

Официальное письмо = «официальный» язык!

2. Заключительная часть письма

а) Просьбы, пожелания, извинения

- Надеемся, что наша просьба будет выполнена.
- Спасибо за помощь в этом вопросе.
- Спасибо за скорый ответ.
- Надеемся на дальнейшее сотрудничество.
- С пожеланием успехов,
- Убедительно просим Вас не задерживать ответ.
- Просим извинить нас за задержку с ответом.
- Надеюсь на скорейший ответ.

б) Заключительная форма вежливости и подпись

- С уважением, (*имя и фамилия*).
- До свидания.
- Ваш(а) …

2) Сопроводительное письмо

отправитель: ФИО и адрес, телефон (и e-mail)

Романовой М. К.
Магазин тканей «Фея»
118453 Москва
ул. Кантемировская, д. 47

Леонова Н. С.
117638 Москва
ул. Сивашская, д. 6, корп. 1, кв. 94
nsleonova@gmail.com
Тел.: 7-495-427-2519

получатель: *кому?* ответственный (ФИО), название фирмы (организации, учреждения), её (его) адрес

Москва, 8 декабря 2011

место, дата

тема — **Практикант с функциями помощника руководителя**

приветствие и обращение — Уважаемая Марина Константиновна,

я Вам пишу по поводу объявления в газете «Коммерсант» о практике в Вашей фирме. […]
Я была бы рада возможности прийти на собеседование и пройти у Вас практику.

С уважением,

Леонова Нина Сергеевна

заключительная форма вежливости и подпись

Полезные слова и выражения

1. Вступительная часть письма

а) Название места, дата
б) Название фирмы (организации, учреждения) и её (его) адрес

} *см. 1) Официальное (Деловое) письмо* (стр. 125)

в) Тема письма

- напр. *Практикант с функциями помощника руководителя*

г) Приветствие и обращение

- Уважаемые господа, …
- Дорогая Ирина Михайловна, …
- Уважаемый Михаил Васильевич Мышкин, …
- Я Вам пишу по поводу объявления в газете «…».
- Я хочу пройти практику в Вашей фирме.

2. Заключительная часть письма

Заключительная форма вежливости и подпись

- Я был(а) бы рад(а) возможности прийти на собеседование.
- Я был(а) бы рад(а) возможности пройти у Вас практику (пройти практику в вашей фирме).
- С уважением, (*имя и фамилия*).

3) Письмо читателя

получатель:
кому? ответственный (ФИО), название газеты (журнала, издательства), её (его) адрес

отправитель:
ФИО и адрес, телефон (и e-mail)

Главному редактору
журнала «Метрополит»
124022 Москва,
ул. Садовая, д. 23
ЗАО «Издательский Дом Метрополит»

Леонова Н. С.
117638 Москва
ул. Сивашская,
д. 6, корп. 1, кв. 94
nsleonova@gmail.com

тема

По поводу статьи «Москва – магнит молодёжи»

Москва, 23 июня 2011

место, дата

приветствие и обращение

Уважаемый господин редактор,

я с интересом прочитала статью «Москва – магнит молодёжи» в Вашем журнале № 17 от 20-го июня 2011 года. […]

Я надеюсь, что моё письмо будет опубликовано.

С уважением,
Нина Сергеевна

заключительная форма вежливости и подпись

Полезные слова и выражения

1. Вступительная часть письма

а) Название места, дата
б) Название газеты (журнала, издательства) и её (его) адрес

см. 1) Официальное (Деловое) письмо (стр. 125)

в) Приветствие и обращение

- Добрый день, уважаемая редакция (*газеты, журнала «…»*) …
- Уважаемый господин редактор (*газеты, журнала «…»*) …
- Дорогая Ирина Михайловна, …
- Уважаемый Михаил Васильевич, …
- Я с интересом (удовольствием, досадой) прочитал(а) *что?* …
- По теме *чего?* … я хочу сказать следующее: …
- То, что было опубликовано в Вашем журнале, я так не могу оставить.

2. Заключительная часть письма

- Я надеюсь, что этот материал будет опубликован.
- С уважением, (*имя и фамилия*).
- До свидания.
- Ваш(а) …

4) Неофициальное (Электронное) письмо

От кого?	maks_fero@yandex.ru
Кому?	thomas_37@gmx.de
Тема	Привет
Вложить…	fotka_310711.jpg

Привет, Томас!
…
Пиши.
Твой друг из России
Максим.

приветствие и обращение

заключительная форма вежливости

Полезные слова и выражения

1. Вступительная часть письма

Приветствие и обращение

- Дорогая Лена! Дорогой Саша!
- Дорогая Лиза, здравствуй!
- Привет, Витя!
- Дорогой мой Миша!
- Милые (любимые) мои Маша и Даша!
- Дорогие мои мамочка и папочка!
- Дорогая Ирина Михайловна!
- Уважаемый Михаил Васильевич!

2. Заключительная часть письма

- Ну, вот и всё.
- Жду твоего (Вашего, скорого) ответа.
- Радуюсь новой встрече.
- До (скорой) встречи.
- До свидания.
- Пока!
- Передай(те) привет *кому?* …
- Пиши(те)!
- Пиши(те) о себе и о *ком/чём?* …
- Обнимаю и целую.
- Всего хорошего (доброго)!
- Твой (Твоя) …
- Ваш(а) …
- С любовью, Надя.
- С уважением, Антон.

15. Высказывать и обосновывать мнение

а) Выражение интереса и чувства

- Я (не) интересуюсь *кем/чем?* …
- Я (не) заинтересован(а) *в чём?* …
- Мне (не) интересно *что делать?* …
- Мне (не) нравится *кто/что?* …, потому что …
- Я (не) увлекаюсь *чем?* …
- Я в восторге от *чего?* …
- Я обожаю *кого/что?* …
- Я (не) люблю *кого/что?* …
- Это для меня (не)важно.
- *Кто/что?* … для меня играет (не)большую (значительную) роль.
- Мне всё равно.
- Я рад(а), что …
- Меня волнует, что …
- Я боюсь, что …

б) Высказывание мнения

- По-моему, …
- Я (не) думаю, что …
- Я (не) считаю, что …
- Мне кажется, что …
- На мой взгляд, …
- Я понимаю *кого/что?* …, но …
- Я не могу понять *кого/что?* …
- Это
  - актуальный (интересный, важный, глупый, значительный, необычный, отличный, прекрасный, серьёзный, творческий, хороший) вопрос.
  - интересный (важный, значительный, отличный, прекрасный, хороший, (не)убедительный) аргумент.
  - классная (отличная, плохая, прекрасная, смешная, удивительная, ужасная, хорошая) идея.
  - просто кошмар.
  - красивая (милая, старая) мечта.
  - мудрый (отличный, плохой, ужасный, хороший) совет.
  - классный (милый, смешной, ужасный, хороший) сюрприз.
  - дикий ужас.
  - значительный (необыкновенный, прекрасный, удивительный) успех.
  - классно (прекрасно, скучно, супер).

в) Выражение (не)согласия

- Я того же (другого) мнения.
- Я тоже так думаю.
- Я думаю по-другому.
- Это абсолютно (совершенно, совсем) (не)правильно.
- Я считаю это (не)правильным, потому что …
- Это действительно (вообще не) так.
- Я (не) согласен (согласна) с тем, что …
- В принципе, это (не)правильно, но …
- Я за *что?* … (против *чего?* …), потому что …
- Конечно, да (нет).

г) Обоснование мнения

- Нужно обратить внимание на то, что …
- Не менее важно …
- Очень важно также …
- Нельзя забывать, что …
- Я того же мнения, потому что …
- Всё это говорит о том, что…
- На эту тему есть разные взгляды.
- На этот вопрос трудно найти ответ, но я считаю, что …
- Само собой разумеется, что …
- Я вижу связь в том, что …
- Это сильный аргумент.
- Это можно объяснить так: …
- Можно привести следующие факты: …

16. Оценивать результаты (своей) работы

1. Оценка результатов работы – общие впечатления

- Я считаю эту презентацию одной из лучших.
- На мой взгляд, этот доклад (диалог) – один из самых (не)удачных.
- Я с интересом слушал(а) эту презентацию.
- Диалог был, к сожалению, скучным (неинтересным, слишком длинным, коротким).
- Всё было интересно (понятно, логично, правильно, ясно).
- Было интересно послушать ваш диалог (вашу презентацию).
- Я с удовольствием посмотрел(а) вашу сценку.
- По-моему, (*имя ученика/ученицы*) выбрал(а) интересные факты (примеры).
- Мне кажется, что он(а) (очень) хорошо (плохо) подготовился (подготовилась).
- По-моему, всё, что нужно (необходимо, следует) сказать по этой теме, сказано.
- Я узнал(а) много нового (интересного).
- Я не узнал(а) ничего нового (интересного).
- Заметно, что они (не очень) старались выполнить задачу.
- Мне кажется, что референт (не) смог(ла) ответить на большинство вопросов.
- Референт (не)уверенно отвечал(а) на (все) вопросы.
- Мне (очень, особенно) понравился (понравилась, понравилось, понравились) *что?*…
- По-моему, он(а) не сделал(а) много ошибок.
- Я заметил(а), что он(а) сделал(а) много (мало) ошибок.

Оценка своей работы

- Я считаю, что презентация (не совсем) удалась.
- Мне кажется, (не) все с интересом слушали мою презентацию.
- Я (не)достаточно подготовил(а) *что?*… (презентацию, доклад)
- Я (не)достаточно подготовился (подготовилась) к *чему?*… (к презентации, докладу).
- К сожалению, у меня было слишком мало времени на подготовку *чего?*…
- У нас не было возможности много репетировать.
- В группе мы хорошо (плохо) работали вместе.
- (Не) Каждый(ая) в группе выполнил(а) свою задачу.

2. Оценка презентации

- Мне (не) очень понравилась презентация (*имя ученика/ученицы mit Gen.).*
- Я считаю, (*имя ученика/ученицы*) подготовил(а) интересную (отличную) презентацию.
- Презентация (*имя ученика/ученицы mit Gen.*) (не) была (очень) интересной.
- Больше всего мне понравился (понравилась, понравилось, понравились) *что?...*
- Референт говорил(а) (не)свободно.
- Он(а) всё время (никогда не) смотрел(а) на свои записи.
- Во время презентации он(а) (не) смотрел(а) на нас.
- По-моему, он(а) говорил(а) очень (слишком) быстро (медленно, тихо, громко).
- *(Имя ученика/ученицы)*, в следующий раз постарайся
  - говорить свободнее.
  - во время презентации больше смотреть на нас.
  - говорить (чуть) медленее (громче).
- (*Имя ученика/ученицы*), спасибо тебе за интересную презентацию.

Оценка своей работы

- Сегодня я говорил(а) (не)свободно ((не так, очень) быстро, громко, тихо).
- Я старался (старалась) смотреть не свои записи, а на учеников.

3. Использование наглядного материала

- Я думаю, (*имя ученика/ученицы*) представил(а) интересный материал.
- Докладчик (Докладчица) показал(а) нам (не) очень интересные (подходящие к теме) фотографии.
- Материал, который нам показали, помог мне лучше понять, о чём идёт речь.
- Мне понравилось, что (*имя ученика/ученицы*) показал(а) красивые фотографии (иллюстрации, диаграммы).
- Он(а) нам показал(а) слишком много (мало)
  - наглядного материала.
  - фотографий (диаграмм, схем, таблиц).
- Я считаю, (*имя ученика/ученицы*) хорошо объяснил(а) диаграмму (схему, таблицу).
- *(Имя ученика/ученицы)*, в следующий раз постарайся
  - выбрать (более) интересный (актуальный) материал.
  - найти красивые фотографии.
  - показать больше (не так много) диаграмм (схем, таблиц).

Оценка своей работы

- Может быть, я использовал(а) не совсем подходящий (актуальный) материал.
- Мне сейчас кажется, что я выбрал(а) слишком много (мало) фотографий.
- У меня, к сожалению, возникли трудности технического характера (во время презентации, дома с компьютером).

Включите в речь следующие пункты …	Verwenden Sie bei der Rede auch folgende Punkte ...
Возьмите … *mit Akk.*	Nehmen Sie ...
Восстановите хронологический порядок.	Stellen Sie eine chronologische Reihenfolge her.
Впишите в таблицу …	Schreiben Sie in die Tabelle ...
Выберите ~ из приведённых примеров (из текста) … *mit Akk.* ~ одну из задач. ~ правильный вариант (ответ, форму). ~ правильный предлог.	Wählen Sie ... aus. ~ aus den aufgeführten Beispielen (aus dem Text) ... ~ eine der Aufgaben ~ die richtige Variante (Antwort, Form) ~ die richtige Präposition
Выделите ~ причины и последствия … *mit Gen.* ~ суффиксы.	Heben Sie ... hervor. ~ Gründe und Folgen ... ~ die Suffixe
Выпишите из текста преимущества и недостатки … *mit Gen.* в таблицу	Schreiben Sie aus dem Text Vor- und Nachteile ... in die Tabelle.
Выразите своё (не) согласие.	Drücken Sie Ihre Zustimmung (Ablehnung) aus.
Выскажите своё мнение.	Sagen Sie Ihre Meinung.
Добавьте контраргументы.	Fügen Sie Gegenargumente hinzu.
Дополните таблицу … из текста. ~ информацией ~ ключевыми фразами	Ergänzen Sie die Tabelle mit ... aus dem Text. ~ Informationen ~ Schlüsselsätzen

Задайте вопросы.	Stellen Sie Fragen.
Закончите высказывания, предложения.	Vervollständigen Sie die Aussagen, Sätze.
Запишите … ~ в таблицу в тетради. ~ в тетрадь.	Schreiben Sie ... ~ in die Tabelle im Heft. ~ in das Heft.
Заполните таблицу.	Füllen Sie die Tabelle aus. Vervollständigen Sie die Tabelle.
Изобразите результаты в виде диаграммы. Как бы вы **изобразили** …? Как **изображена** …?	Gestalten Sie die Ergebnisse in Form eines Diagramms. Wie würden Sie ... darstellen? Wie ist ... dargestellt?
Используйте ~ двойное отрицание. ~ имена существительные. ~ ролевые карточки. ~ союзы …	Verwenden Sie ~ die doppelte Verneinung. ~ Substantive. ~ Rollenkarten. ~ Konjunktionen ...
Исправьте неправильные высказывания, предложения.	Korrigieren Sie die falschen Aussagen, Sätze.
Назовите ~ формы … *mit Gen.* ~ причины … ~ суффиксы.	Nennen Sie ~ Formen ... ~ Gründe ... ~ die Suffixe.

Найдите	Finden Sie
~ аргументы за и против.	~ Argumente dafür und dagegen.
~ в рассказе, тексте	~ in der Erzählung, im Text
~ выражения … *mit Gen.*	~ Aussagen …
~ имена прилагательные.	~ Adjektive.
~ подходящие слова (словосочетания) к выражениям.	~ passende Wörter (Wortgruppen) zu den Aussagen.
~ места …	~ Stellen …
~ в словаре	~ im Wörterbuch
~ переводы.	~ Übersetzungen.
~ значение слова.	~ die Bedeutung des Wortes.
~ примеры употребления.	~ Beispiele für die Verwendung.
~ синонимы (антонимы).	~ Synonyme (Antonyme).
~ фразеологизмы.	~ Phraseologismen.
~ немецкие эквиваленты.	~ deutsche Entsprechungen.
~ веб-странички …	~ Webseiten …
~ глаголы, деепричастия, причастия.	~ Verben, Adverbialpartizipien, Partizipien.
~ идеи в Интернете (информацию) о … *mit Präp.*	~ Ideen im Internet (Informationen) über …
~ другие примеры.	~ andere Beispiele.
~ разговорные варианты слов.	~ umgangssprachliche Varianten der Wörter.
~ синонимы (перефразы).	~ Synonyme (Umschreibungen).
~ соответствия (к предложениям на … языке).	~ Entsprechungen (zu den Sätzen auf …).
~ соответствующие слова в немецком и английском языках.	~ entsprechende Wörter auf Deutsch und Englisch.
~ сходства и различия … *mit Gen.*	~ Gemeinsamkeiten und Unterschiede …

Напишите	Schreiben Sie
~ акростих.	~ ein Akrostichon.
~ в тетрадь.	~ in das Heft.
~ внутренний монолог.	~ einen inneren Monolog.
~ e-mail, письмо-ответ.	~ eine E-Mail, einen Antwortbrief.
~ комментарий	~ einen Kommentar
~ на сайте.	~ auf der Webseite.
~ на тему.	~ zum Thema.
~ краткое содержание (резюме).	~ eine Zusammenfassung (ein Resümee).
~ на карточках …	~ auf Kärtchen …
~ неправильные высказывания о … *mit Präp.*	~ nicht korrekte Aussagen über …
~ предложения по образцу.	~ Sätze nach dem Muster.
~ продолжение рассказа.	~ eine Fortsetzung der Erzählung.
~ свой комментарий.	~ einen eigenen Kommentar.
~ собственный сценарий.	~ ein eigenes Drehbuch.
~ сообщение на форум о … *mit Präp.*	~ eine Mitteilung in das Forum über …
~ сочинение о … *mit Präp.*	~ einen Aufsatz über …
~ статью в газету.	~ einen Zeitungsartikel.
Нарисуйте	Zeichnen Sie
~ аватар.	~ einen Avatar.
~ диаграмму.	~ ein Diagramm.
~ шкалу.	~ eine Skala.
Обоснуйте ваш выбор (ваше решение) на основе текста.	Begründen Sie Ihre Auswahl (Entscheidung) auf Grundlage des Textes.
Образуйте от существительных глаголы.	Bilden Sie von den Substantiven Verben.

Обратите внимание ~ на образование и употребление кратких и полных форм прилагательных. ~ на окончания существительных. ~ на формы коньюнктива.	Achten Sie ~ auf die Bildung und den Gebrauch der Kurz- und Langformen der Adjektive. ~ auf die Endungen der Substantive. ~ auf die Formen des Konjunktivs.
Обсудите ... *mit Akk.* ~ с партнёром. ~ в группах.	Besprechen Sie *etw.* ... ~ mit dem Partner. ~ in Gruppen.
Объясните ~ ваш (свой) выбор, ваше (своё) мнение. ~ выражение ... (на основе текста) ~ метафору.	Erklären (Erläutern) Sie ~ Ihre Wahl, Ihre Meinung. ~ die Aussage ... (auf Grundlage des Textes). ~ die Metapher.
Озаглавьте ... *mit Akk.*	Denken Sie sich eine Überschrift ... aus.
Озвучьте эпизод.	Synchronisieren Sie eine Episode (einen Ausschnitt).
Опишите ~ атмосферу картинок. ~ внешний вид. ~ карикатуру. ~ картинку (картинки). ~ плакат. ~ ситуацию. ~ фотографию (фотографии). ~ чувства ... *mit Gen.*	Beschreiben Sie ~ die Stimmung der Bilder. ~ das Äußere. ~ die Karikatur. ~ das Bild (die Bilder). ~ das Plakat. ~ die Situation. ~ das Foto (die Fotos). ~ die Gefühle ...
Определите порядок картинок по содержанию.	Ordnen Sie die Bilder nach dem Inhalt.
Ответьте на вопросы.	Beantworten Sie die Fragen.
Переведите ~ пассивные конструкции на русский язык. ~ предложения.	Übersetzen Sie ~ die Passivkonstruktionen ins Russische. ~ die Sätze.

Передайте ~ самые важные факты на немецком языке. ~ содержание (своими словами).	Geben Sie ... wieder. ~ die wichtigsten Fakten auf Deutsch ~ den Inhalt (mit eigenen Worten)
Перенесите действие рассказа в наше время.	Übertragen Sie die Handlung in unsere Zeit.
Перепишите таблицу в тетрадь.	Schreiben Sie die Tabelle ins Heft.
Перескажите (своими словами).	Erzählen Sie (mit eigenen Worten) nach.
Перестройте предложения, употребляя союзы ...	Formulieren Sie die Sätze um. Verwenden Sie dabei die Konjunktionen ...
Подберите ~ заглавие. ~ картинку (картинки) к ... *mit Dat.* ~ логическое продолжение ... *mit Gen.* ~ подходящие союзы и предлоги.	Finden Sie ~ eine Überschrift. ~ das Bild (die Bilder) zu ... ~ eine logische Fortsetzung ... ~ passende Konjunktionen und Präpositionen.
Подготовьте ~ выставку на тему ... ~ дискуссию. ~ презентацию (доклад, постер, фильм, газету). ~ речь. ~ ток-шоу.	Bereiten Sie ... vor. ~ eine Ausstellung zum Thema ... ~ eine Diskussion ~ eine Präsentation (einen Vortrag, ein Poster, einen Film, eine Zeitung) ~ eine Rede ~ eine Talkshow
Подумайте, что значит лично для вас...	Überlegen Sie, was für Sie persönlich ... bedeutet.
Познакомьтесь с отрывком из песни.	Hören (Sehen) Sie sich den Ausschnitt des Liedes an.

Пользуйтесь … *mit Dat.* ~ картой. ~ темами из рамки.	Verwenden Sie ~ die Karte. ~ Themen aus dem Kästchen.
Поменяйтесь ролями.	Tauschen Sie die Rollen.
Помогите … *mit Instr.*, ~ написать … *mit Akk.* ~ понять друг друга.	Helfen Sie *jmdm.* …, ~ *etw.* … zu schreiben. ~ einander zu verstehen.
Попробуйте найти … *mit Akk.*	Versuchen Sie, … zu finden.
Послушайте ~ песню из … *mit Gen.* ~ программу… ~ сообщение о … *mit Präp.*	Hören Sie ~ das Lied aus … ~ die Sendung … ~ die Mitteilung über …
Посмотрите (внимательно) на ~ картинку (картинки). ~ кадр(ы). ~ плакат. ~ почтовые марки. ~ аватары. ~ фотографию. ~ комикс. ~ фильм.	Schauen Sie … (aufmerksam) an. ~ das Bild (die Bilder) ~ die Szene(n) ~ das Plakat ~ die Briefmarken ~ die Avatare ~ das Foto ~ den Comic ~ den Film
Поставьте существительные в нужном падеже.	Setzen Sie die Substantive im richtigen Kasus ein.
Пофантазируйте.	Fantasieren Sie. (Lassen Sie sich etwas einfallen)
Представьте (себе), что …	Stellen Sie sich vor, dass …
Представьте … в классе (своим одноклассникам.) ~ плакат ~ план, список ~ профессию ~ результаты ~ речь	Präsentieren Sie … in der Klasse (Ihren Mitschülern). ~ das Plakat ~ den Plan, die Liste ~ den Beruf ~ die Ergebnisse ~ die Rede
Приведите аргументы.	Führen Sie Argumente an.

Приготовьте ролевые карточки.	Bereiten Sie Rollenkarten vor.
Придумайте ~ анкету … *mit Gen.* ~ другое окончание рассказа. ~ заглавие/заголовок (заголовки) к … *mit Dat.* ~ предложения. ~ рекламу… *mit Gen.* ~ текст.	Denken Sie sich… aus. ~ einen Fragebogen ~ ein anderes Ende der Erzählung ~ eine Überschrift (Überschriften) zu … ~ Sätze ~ eine Werbung für … ~ einen Text
Проанализируйте ~ ответы. ~ картинки. ~ двустишие.	Analysieren Sie ~ die Antworten. ~ die Bilder. ~ den Zweizeiler.
Проведите опрос на тему …	Führen Sie eine Umfrage zum Thema … durch.
Проверьте себя.	Überprüfen Sie sich selbst.
Продолжите рассказ.	Führen Sie die Erzählung fort.
Проинтерпретируйте карикатуру (карикатуры).	Interpretieren Sie die Karikatur (Karikaturen).
Прослушайте ~ высказывания. ~ объяснение … *mit Gen.* ~ отрывок из … *mit Gen.* ~ рассказ. ~ стихотворение. ~ текст (песни).	Hören Sie sich … an. ~ die Aussagen ~ die Erklärung von … ~ den Ausschnitt aus … ~ die Erzählung ~ das Gedicht ~ den Text (des Liedes)
Прочитайте ~ анекдот. ~ афоризмы. ~ биографию … *mit Gen.* ~ блоги … *mit Gen.* ~ высказывания. ~ информацию о … *mit Präp.* ~ краткое содержание … *mit Gen.*	Lesen Sie ~ den Witz. ~ die Aphorismen. ~ die Biografie von … ~ die Blogs von … ~ die Aussagen. ~ die Informationen über … ~ die Zusammenfassung von …

~ мнения (сообщения) из интернет-форума.	~ die Meinungen (Mitteilungen) aus dem Internetforum.
~ объявление (объявления).	~ die Anzeige(n).
~ отрывок из рассказа (стихотворения).	~ den Ausschnitt aus der Erzählung (dem Gedicht).
~ письмо.	~ den Brief.
~ пословицы.	~ die Sprichwörter.
~ предложения из текста.	~ die Sätze aus dem Text.
~ комикс (рассказ, статью).	~ den Comic (die Erzählung, den Artikel).
~ советы (к составлению сопроводительного письма).	~ die Ratschläge (zum Verfassen eines Bewerbungsschreibens).
~ список … *mit Gen.*	~ die Liste mit …
~ стихотворение.	~ das Gedicht.
~ строки (строчки).	~ die Zeilen.
~ текст	~ den Text
~ из … *mit Gen.*	~ aus …
~ песни.	~ des Liedes.
Разделите текст на … *mit Akk.*	Unterteilen Sie den Text in …
Разделитесь на группы.	Teilen Sie sich in Gruppen auf.
Разыграйте	Spielen Sie (Inszenieren Sie)
~ встречу.	~ das Treffen.
~ действие рассказа.	~ die Handlung.
~ диалог (интервью).	~ einen Dialog (ein Interview).
~ по ролям.	~ (die Szene) mit verteilten Rollen.
~ ток-шоу на тему …	~ eine Talkshow zum Thema …
Расположите события в хронологическом порядке.	Bringen Sie die Ereignisse in eine chronologische Reihenfolge.
Распределите	Teilen Sie
~ роли.	~ die Rollen auf.
~ по группам	~ sich in Gruppen auf.

Расскажите	Erzählen Sie
~ историю от лица … *mit Gen.*	~ die Geschichte aus der Sicht von …
~ о … *mit Präp.*	~ über …
~ партнёру …	~ Ihrem Gesprächspartner …
Рассмотрите картинки к … *mit Dat.*	Betrachten Sie die Bilder zu …
Расспросите … *mit Gen.* о … *mit Präp.*	Fragen Sie … über (nach) …
Сделайте	Machen Sie
~ грамматическую шпаргалку.	~ sich einen Grammatik-Spickzettel.
~ заметки.	~ sich Notizen.
~ коллаж.	Fertigen Sie eine Collage an.
~ предположения.	Stellen Sie Vermutungen an.
Скажите	Sagen Sie es
~ иначе.	~ anders.
~ своими словами.	~ mit Ihren eigenen Worten.
Скажите,	Sagen Sie,
~ какая грамматическая форма употребляется в предложениях.	~ welche grammatische Form in den Sätzen verwendet wird.
~ какие прилагательные подходят, а какие нет.	~ welche Adjektive passen und welche nicht.
~ какую роль в вашей жизни играет … *mit Nom.*	~ welche Rolle … in Ihrem Leben spielt.
~ с кем вы (не) согласны и почему.	~ mit wem Sie (nicht) einverstanden sind und warum.
~ чем занимается молодёжь.	~ womit sich Jugendliche beschäftigen.
~ что для этих людей самое главное в жизни.	~ was für diese Leute das Wichtigste im Leben ist.
~ что (не)правильно.	~ was (nicht) richtig ist.
Соберите картинки	Stellen Sie Bilder zusammen.
Соотнесите заголовки с картинками.	Verbinden Sie die Überschriften mit den Bildern.

Составьте ~ анкету … *mit Gen.* ~ ассоциограмму на тему … ~ диалог. ~ кроссворд. ~ план … *mit Gen.* ~ список … *mit Gen.* ~ таблицу (с положительными и отрицательными описаниями … *mit Gen.*).	Erstellen Sie ~ einen Fragebogen. ~ eine Mindmap zum Thema ... ~ einen Dialog ~ ein Kreuzworträtsel. ~ einen Plan. ~ eine Liste mit ... ~ eine Tabelle (mit positiven und negativen Beschreibungen von ...).
~ к каждой картинке по одному предложению. ~ предложение (предложения). ~ придаточные предложения причины.	Bilden Sie ~ zu jedem Bild einen Satz. ~ einen Satz (Sätze). ~ Kausalsätze (Nebensätze des Grundes).

Спишите таблицу в тетрадь.	Schreiben Sie die Tabelle in das Heft.
Сравните ~ описание (результаты, ситуации, содержание) … *mit Gen.* с … *mit Instr.* ~ образование существительных от глаголов (с помощью суффиксов).	Vergleichen Sie ~ die Beschreibung (die Ergebnisse, Situationen, den Inhalt) von ... mit ... ~ die Bildung der Substantive von Verben (durch Suffigierung).
Сформулируйте по образцу.	Formulieren Sie nach dem Muster.
Считать Как вы **считаете**, …? Какие аргументы вы **считаете** …?	 Was meinen Sie, ...? Welche Argumente halten Sie für ...?
Убедите вашего партнёра.	Überzeugen Sie Ihren Partner.
Угадайте …	Erraten Sie ...
Узнайте, ~ какие события играли роль. ~ кто подрабатывает. ~ о чём мечтает … *mit Nom.*	Finden Sie heraus, ~ welche Ereignisse eine Rolle spielten. ~ wer nebenbei jobbt. ~ wovon ... träumt.

Quellennachweis

Internetseiten überprüft, 29. 04. 2011

Модуль 1 10 http://www.spbgu.ru/quote2845 | Рождественский Р., Все начинается с любви... http://www.stihi-rus.ru/love/226.htm | 11 http://coma.h11.ru/anecdots/index.php?ras=5&st=1 | 12 Быстрицкая, Я., «Учебный год со Штайнером - впечатления Тамары Субочевой» // STUDY IN. – 2002, № 12. http://www.afs.ru/rus_ru/news/from_the_field/1862 | 13 Беспалова, Т., Система образования в России. http://www.edu-all.ru/pages/zamet/pub_270606.asp | 16 Феона, И., Любовь с первого взгляда | 18 Non-Stop, Электронная любовь. http://minusok.com/text.php?sid=9071 | 20 Блиц-опрос: «Ты уже знаешь, кем хочешь стать?», 26. 04. 06. http://gazeta-vo.narod.ru/opross/my_future.htm | 22 «Десять шагов составления успешного сопроводительного письма». http://www.careerguide.com.ua/node/1597 | 24 «Виртуальная любовь». http://www.ohgirl.ru/material/on_i_ona/all/virtualnaya_lyubov.html

Модуль 2 28 «Жизнь ska-ска», 28. 09. 2009. http://planetashkol.ru/articles/17426/ | 30 Distemper, Начни с себя. http://www.ofmusic.ru/accords/7706/28371.html | 32 Чехов, А., Злой мальчик. http://ilibrary.ru/text/1073/p.1/index.html | 34 Виноградский, К., Злой мальчик. По мотивам рассказа А.П.Чехова. Короткометражная комедия. ВГИК Москва, 2004. | 37 «Хэллоуин, канун дня всех святых.» http://redday.ru/autumn/10/31.asp | 38 «Мы боролись с мамами за каждый сантиметр платья». http://www.mr7.ru/life/family/family_14032.html, http://www.all-pages.com/photoreports/1/19/90/215/12.html, http://www.newsmsk.com/article/21Jun2009/bal.html | 39 Михалков, С., Избранное. Всемирная библиотека поэзии. Ростов-на-Дону, Феникс, 1999.

Модуль 3 49 «В московском парке Кузьминки пройдет выставка мусора», 26. 02. 08 http://www.klerk.ru/boss/news/101699/ | 50 http://www.greenpeace.org/russia/ru/campaigns/ toxics/water-pollution/save-neva/news/ | 55 Хражановский, А., Бабочка. Союзмультфильм, 1972.

Модуль 4 59 Смирнова, Ю. «Идеальный отпуск для россиянина: рыбалка не хуже санатория, но лучше всего - пляж!», 10. 06. 09, Комсомольская правда http://www.kp.ru/print/article/24308/502183/ | 60 «Проблемы многонационального общества: ваше мнение», http://news.bbc.co.uk/hi/russian/talking_point/newsid_4682000/4682525.stm | 62 http://www.bibo.kz/anekdoti/108614-kak-otlichit-russkogo-za-granicejj.html | Национальный состав населения России по результатам переписи населения, 2002 г. http://worldgeo.ru/russia/lists/?id=33 | Рождественский Р., «Для человека национальность...». http://er3ed.qrz.ru/rozhdestwensky-r.htm#dlya-cheloweka | 63 http://www.kedem.ru/voyaj/cuisine/20080825-russ-kitchen/ | 64 «Блондинки и русская мафия или стереотипы о России», 01. 08. 10. http://tourbina.ru/guide/78068/memo/6595/ | 66 Бодров, А., « Владимир Путин *Советскому спорту*: Я не уверен, что английский футбол чист на 100 процентов», 03. 12. 10. http://www.sovsport.ru/news/text-item/422460 | 68 Буянова, А. «Геокэшинг: сокровища вокруг нас». http://www.myjane.ru/articles/text/?id=3125; http://www.geocaching.su/ | 70 http://www.couchsurfing.org/

Модуль 5 76 Досталь, Н., Завещание Ленина. 12-серийный художественный телефильм. МакДос, 2006. | 77 Шаламов, В., Колымские рассказы, Лондон, Оверсиз пабликейшнз (Overseas Publications), 1978. | 78 Шаламов, В., Стихотворения, Москва, Советский писатель, 1988. | 81 Симонов, В., «О чём мечает российская молодёжь?», РИА Новости, 13. 07. 05. http://www.rian.ru/analytics/20050713/40902112.html | 82 «Горжусь, что я подросток!», 22. 06. 2010. http://5uglov.ru/news/hottheme/793/ | 84 Арсенов, П., Гостья из будущего. 5-серийный художественный телефильм. Киностудия им. Горького, 1984. | 88 Боде, В., «Проблемы российского молодёжи». Радио Свобода, 09. 01. 2010. http://www.svobodanews.ru/content/article/1925006.html

Приложение | 91 Чехов, А., Вверх по лестнице. http://www.ostrovok.de/old/classics/chekhov/story013.htm | 115 Есенин, С., «Не криви улыбку ...». http://feb-web.ru/feb/esenin/texts/es1/es1-285-.htm | 116 Цветаева, М., «Моим стихам, написанным так рано...». http://www.litera.ru/stixiya/authors/cvetaeva/moim-stixam-napisannym.html | 118, 122 Тодоровский, В., Стиляги, Кинокомпания Красная Стреля, 2008